ドラマチック★韓国語

初中級

リスニング&リーディング

国書刊行会

はじめに

韓国ドラマを韓国語で楽しみたい。好きな映画のせりふを字幕なしで聞き取りたい。これまでも多くの学習者のそんな切なる思いを耳にしました。かくいう私もそのような教材があったらと、多くのテキストに目を通し、さらには、教材としてふさわしい映画やドラマを探したりもしたものです。

しかしながら、学習者の期待に応えられるテキストがなかなかないのも事実です。映画やドラマを使った学習書は少なからず存在しますが、実際に放映されたドラマのせりふを部分的に抜き出したものが多く、必ずしも初級、中級の学習者に適しているとは言えないものでした。

ならばと、様々な場面に応用できる文法や表現、なおかつ実際に使えるフレーズをできる限り盛り込んでみたのが本書です。本書は、2009年1月から3月にかけてNHKラジオ第2で放送された「まいにちハングル講座」の内容をベースにした書籍『ドラマで覚える中級ハングル』(NHK出版、2011年)を再編集したものです。より学びやすい教材を目指し、さらに現在の社会文化事情に合わせて内容を全体的に見直し、音声も新たに録音しました。ドラマを楽しみながらも、韓国語の文法や韓国的な表現、自然に使えるフレーズなどが確実に学習できるように構成してあります。

本書が皆様の韓国語の学習にお役に立つのであれば、著者としてそれ以上の喜びはありません。

2020年9月

木内明

本書の特徴と使い方

この本に掲載されているドラマは「北斗七星の想い出」「ホテリエ誕生」「インチョンの恋」という関連する３つのセクションから構成され、各セクションが４つのエピソードに分かれています。そのエピソードを学習に適した分量ずつ、５つのシーンに分けました。

覚えておきたい表現

まずは、ドラマをお楽しみください。それぞれのドラマのせりふの中には、大切な文法はもちろん、韓国的な表現や、韓国ドラマを理解するうえで役に立つ言い回しなどがたくさん盛り込まれています。そして、そのドラマの中から各シーン1つ、覚えておきたい表現や文法をとりあげて解説し、応用できるように別の例文も用意しました。

記憶の扉

ドラマのストーリーの伏線となる、登場人物たちの過去のエピソードで、4シーンごとに掲載しました。ドラマをより深く楽しんでもらうとともに、直前の4シーンで学んだ「覚えておきたい表現」が、また少し異なる形で織り込まれ、応用の表現を学びながら、自然に復習できるようになっています。日本語訳に空欄がありますので、ドラマの流れの中で自然なセリフになるような日本語訳に挑戦してみてください。

リスニングに挑戦

ドラマのスピンオフや、一見ドラマとは関係ない別の出来事でありながらも、登場人物の誰かとかかわるおまけエピソードです。この中にも「覚えておきたい表現」を織り込んであり、高度なリスニング力をブラッシュアップするとともに、それらの表現を確実に自分のものにできるようにしました。リスニング力、そして理解度をチェックするための質問を4つ用意してあります。音声を繰り返し聞きながら、質問の答えにあたる部分を聞き取ってもらえたらと思います。

また、本書で学んだ学習者が本物のドラマに挑戦できるように、音声は学習レベルとしてはやや高めで自然な速度の会話に設定してあります。

＊音声表示について

本文中の🎧マークに続く数字は、音声のトラックナンバーです。
音声は、出版社のサイトでダウンロード・ストリーミングができます。
https://www.kokusho.co.jp/sound/9784336070364/

目次
목차

〈登場人物〉

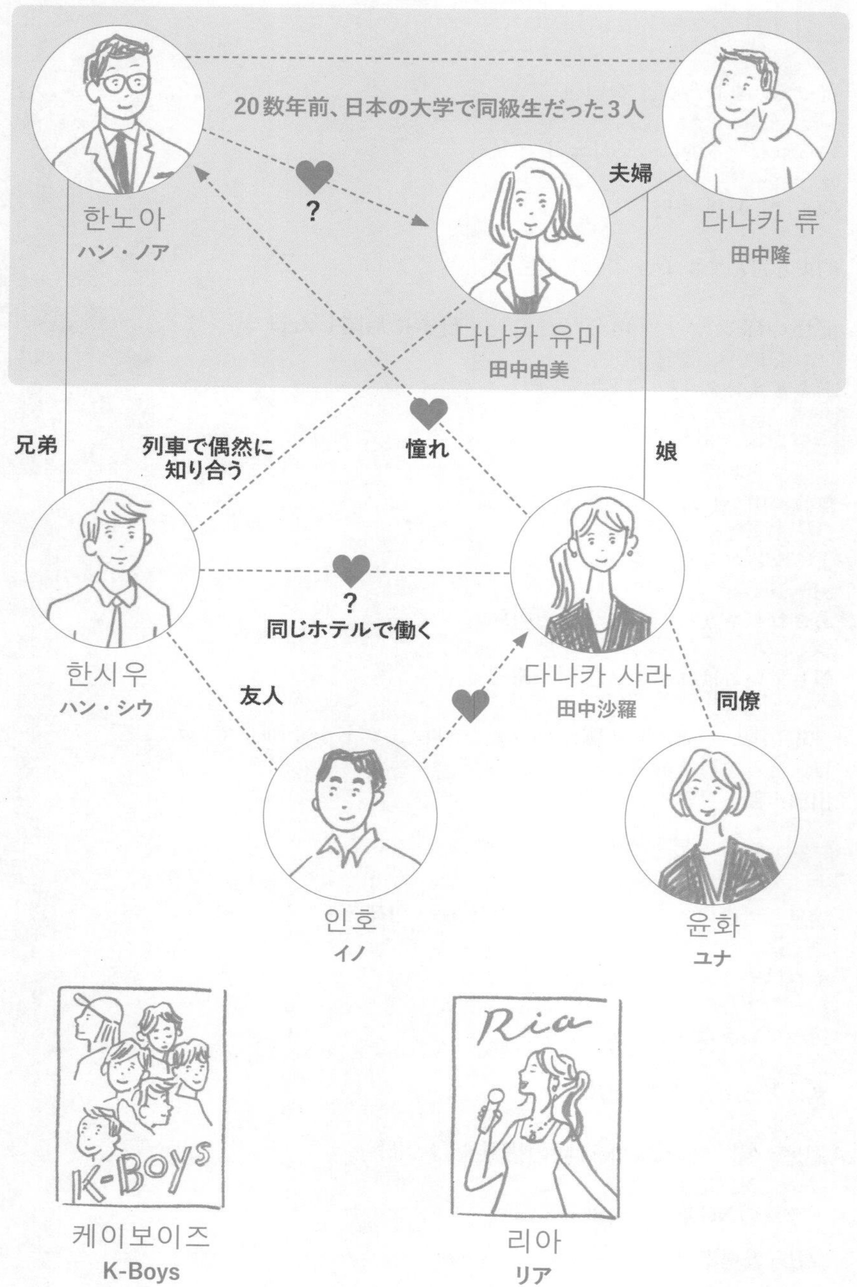

20数年前、日本の大学で同級生だった3人
한노아
ハン・ノア
다나카 류
田中隆
다나카 유미
田中由美
夫婦
?
兄弟
列車で偶然に
知り合う
憧れ
娘
한시우
ハン・シウ
다나카 사라
田中沙羅
?
同じホテルで働く
友人
同僚
인호
イノ
윤화
ユナ
K-Boys
케이보이즈
K-Boys
Ria
리아
リア

第 I 部
北斗七星の想い出

1 出逢い

シーン1　귀국한 지 벌써 20년이 지났어요.
帰国してからもう20年が過ぎました。

シーン2　와 본 적이 없어요.
来たことがありません。

シーン3　성함이 어떻게 되세요?
お名前は何とおっしゃいますか。

シーン4　큰일날 뻔했네요.
大変なことになるところでしたね。

シーン5　記憶の扉　由美が大学を卒業した日

リスニングに挑戦1　라디오 전화 상담〈ラジオ電話相談〉

1-1-1

1 出逢い▶シーン1

日本から学生時代の友人に会いにきた田中由美は、
プサンに向かう列車に揺られています。

青年：혹시 일본 분이세요?

由美：아, 네, 도쿄에서 왔어요.

青年：부산엔 외국 사람은 잘 안 오는데, 무슨 일로 오셨어요?

由美：대학교 때 친구한테서 초대받았어요. 그 친구가 귀국한 지 벌써 20년이 지났어요.

青年：그럼 20년 만의 재회네요.

単語と語句　단어랑 어구

혹시〔或是〕：もしかして、ひょっとして　분：方（「人」の尊敬語）
부산〔釜山〕：プサン　외국〔外国〕：外国　무슨：何の　－한테서：～から
초대받다〔招待받다〕：招待を受ける　귀국하다〔帰国하다〕：帰国する
벌써：すでに、もう　재회〔再会〕：再会

覚えておきたい表現

귀국한 지 벌써 20년이 지났어요.

帰国してからもう20年が過ぎました。

「～してから（どのくらい）」「～して以来（どのくらい）」と、ある出来事から経過した時間を表す場合、動詞の過去連体形に「지」をつけてから、その期間を言います。その後は、このドラマのせりふのように「지났어요.（過ぎました）」とすることもあれば、「됐어요.（たちました）」と「되다（なる）」という単語を使うこともあります。

A：남자 친구랑 얼마나 됐어?

B：사귄 지 일 년 됐어.

A：彼とはどのくらいになるの？

B：つきあって1年たつわ。

単語

남자 친구〔男子親旧〕：ボーイフレンド、彼（氏）　－랑：～と
사귀다：つきあう

青年：もしかして、日本の方ですか。

由美：あ、はい、東京から来ました。

青年：プサンには外国人はあまり来ないのですが、
どんな用でいらっしゃったのですか。

由美：大学時代の友人から誘われたんですよ。
その友人が帰国してからもう20年が過ぎました。

青年：では20年ぶりの再会ですね。

1-1-2

1 出逢い▶シーン2

隣の席に乗り合わせた青年は、
初めて韓国に来たという由美にプサンを紹介しはじめました。

青年：부산은 처음이세요?

由美：네, 한국에 와 본 적이 없어요.

青年：부산은 멋진 곳이니까 아주 좋은 여행이 될 거예요.

由美：네, 친구와는 모레 만나기로 했지만 조금 일찍 왔어요.

青年：잘 하셨어요.
부산은 겨울이 가장 좋아요.

単語と語句　단어랑 어구

멋지다:すばらしい、素敵だ、かっこいい　곳:場所　여행〔旅行〕:旅行
모레:明後日　일찍:早く　겨울:冬　가장:もっとも、いちばん

覚えておきたい表現

와 본 적이 없어요.

来たことがありません。

「～したことがある／ない」と、経験を伝える表現です。動詞の過去連体形に「적」をつけて「～したこと」とし、それに「있다/없다（ある／ない）」をつけます。この例文「와 본 적이（来てみたことが）」のように「보다（みる）」をつけて「～してみたことがある／ない」という表現もよく使います。また、「와 본 일」と「적」の代わりに「일」を使うこともできます。

A：사법 고시 붙은 적이 있어요?

B：네. 딱 한 번 있었는데, 이차에서 떨어졌어요.

A：司法試験受かったことがありますか。

B：はい、たった一度あるんですけど、二次で落ちました。

単語

딱 한 번〔딱 한 番〕：たった一度　사법 고시〔司法考試〕：司法試験
붙다：くっつく、（試験に）受かる　딱：きっぱりと、たった
이차〔二次〕：二次　떨어지다：落ちる

青年：プサンは初めてですか。
由美：はい、韓国に来たことがありません。
青年：プサンは素敵なところですから、とてもいい旅行になりますよ。
由美：ええ、友人とは明後日会うことにしたのですが、少し早めに来ました。
青年：それはよかったです。プサンは冬がいちばんいいですよ。

1-1-3

1 出逢い▶シーン3

由美が乗った列車は駅に到着しました。

由美：그런데 성함이 어떻게 되세요?

シウ：아, 한시우라고 합니다.

대학원생이에요.

由美：한시우 씨, 전 다나카 유미예요.

만나서 반가웠어요.

シウ：네. 이건 제 전화번호인데, 한국에

계실 동안 언제든지 연락 주세요.

由美：아니, 괜찮아요.

シウ：괜찮으니까 사양 말고 연락 주세요.

単語と語句　단어랑 어구

성함〔姓銜〕:(お)名前　한시우:ハン・シウ(人名)
대학원생〔大学院生〕:大学院生　전:私は(저는が短く略された言葉)
다나카 유미:田中由美(人名)　전화번호〔電話番号〕:電話番号
동안:あいだ、最中　언제든지:いつでも　사양〔辭讓〕:遠慮

覚えておきたい表現

성함이 어떻게 되세요?

お名前は何とおっしゃいますか。

相手の名前をていねいにたずねる敬語表現です。「이름이 뭐예요?（名前は何ですか）」という疑問文よりていねいなので、ビジネスなどで、相手の名前をたずねるときにも使えます。また、「성함（お名前）」の部分を「연세（お年）」「직업（職業）」「전화 번호（電話番号）」などに変えて、ていねいにたずねることもできます。

A：연세가 어떻게 되세요?

B：올해 쉰입니다.

A：お年はおいくつですか。

B：今年50（歳）になります。

単語

연세〔年歳〕：お年、年齢　　올해：今年　　쉰：50（固有数詞）

由美：ところで、お名前は何とおっしゃいますか。

シウ：あっ、ハン・シウと申します。大学院生です。

由美：ハン・シウさん、私は田中由美です。
お会いできてうれしかったです。

シウ：はい。これは私の電話番号ですが、韓国にいらっしゃるあいだ、
いつでも連絡ください。

由美：いえ、結構ですよ。

シウ：いいですから、遠慮せずに連絡ください。

1-1-4

1 出逢い▶シーン4

ホテルに向かう途中で道に迷いそうになった由美は、
シウに案内をお願いすることにしました。

由美：여보세요. 한시우 씨세요?

シウ：아, 혹시 오늘 만났던 일본 분이세요?

由美：네. 실은 호텔 가는 도중에 길을 잃을 뻔했어요.

シウ：저런, 큰일날 뻔했네요.

由美：처음 온 곳이라서 그런데, 괜찮으시면 안내 좀 부탁할 수 있을까요?

シウ：물론이죠. 저한테 맡기세요.

単語と語句　단어랑 어구

실은〔実은〕:実は　도중〔途中〕:途中　길을 잃다:道に迷う
저런:あらら、うわ　안내〔案内〕:案内　물론〔勿論〕:もちろん
맡기다:任せる、ゆだねる

覚えておきたい表現

큰일날 뻔했네요.

大変なことになるところでしたね。

「큰일」は「큰（大きな）」と「일（こと）」で「大変なこと」という意味です。「큰일나다」で「大変なことになる」という表現です。何かをしてしまいそうになりながら、しないですんだときに「〜するところだった」と表現する場合は、動詞の語幹に「ㄹ/을」をつけ、その後で「뻔했다」を続けます。

A：무슨 일 있었어요?

B：남친한테 차일 뻔했어요.

A：何かあったのですか。

B：彼氏にふられるところでした。

単語

무슨 일：どんなこと、何の用

남친〔男親〕：彼氏（남자 친구が短く略された言葉）　차이다：ふられる

由美：もしもし。ハン・シウさんですか。

シウ：あ、ひょっとして、今日お会いした日本の方ですか。

由美：はい。実はホテルに行く途中で道に迷うところだったんですよ。

シウ：うわあ、大変なことになるところでしたね。

由美：初めての土地なので、ご迷惑でなければ
ちょっと案内をお願いできますか。

シウ：もちろんですよ。私にお任せください。

1-1-5

1 出逢い ▶ シーン5 記憶の扉

＊音声を聞き、登場人物の置かれた状況や気持ちを生かしながら、空欄になっているセリフを日本語に訳してみましょう。

由美が大学を卒業した日

卒業式の帰り道、由美と同級生のハン・ノアはいっしょに喫茶店に立ち寄りました。

由美：노아는 ①일본에서 취직할 생각은 해 본 적 없어?

ノア：음. ②벌써 일본에 온 지 4년이나 지났고….
아버지 일 때문에 미국의 대학원에서
경영학을 공부할 생각이야.

由美：③아버지는 직업이 어떻게 되셔?

ノア：호텔을 경영하고 계셔.

由美：그렇구나. 언젠가 한국에 놀러 갈게.

ノア：응. 꼭 와.

由美：… 바보야. 진짜 가는구나.
④아, 깜빡할 뻔했네. 이거 기념으로 가져가.

ノア：… 북두칠성 모양의 목걸이… 고마워.

単語と語句　단어랑 어구

한노아:ハン·ノア（人名）　취직〔就職〕:就職　생각:考え、つもり
경영학〔経営学〕:経営学　언젠가:いつか　꼭:必ず、きっと　바보:ばか
진짜〔真짜〕:本当、本当に　깜빡하다:うっかりする　기념〔紀念〕:記念
북두칠성〔北斗七星〕:北斗七星　모양〔模様〕:形

由美：ノアは ① ＿＿＿＿＿＿＿＿

ノア：うーん。② ＿＿＿＿＿＿＿＿

父の仕事のために、アメリカの大学院で

経営学を学ぼうと思うんだ。

由美：③ ＿＿＿＿＿＿＿＿

ノア：ホテルを経営しているんだ。

由美：そうなんだ。いつか韓国に遊びに行くわね。

ノア：うん。必ず来てくれよ。

由美：……ばか。本当に行っちゃうのね。

④ ＿＿＿＿＿＿＿＿

これ記念に持っていって。

ノア：……北斗七星の形のペンダント……ありがとう。

듣기

1 リスニングに挑戦 1 〈ラジオ電話相談〉

라디오 전화 상담

1 音声を聞いて、次の質問に答えましょう。

① 상담자는 어디에 살고 있습니까?

② 상담자는 그 여성을 좋아하게 된 지 몇 년 됐습니까?

③ 상담자는 몇 살입니까?

④ 상담자는 어디서 일하고 있습니까?

① 相談者はどこに住んでいますか。
② 相談者はその女性を好きになって何年になりますか。
③ 相談者は何歳ですか。
④ 相談者はどこで働いていますか。

2 音声を聞いて、空欄に語句を入れましょう。

司会者：다음은 부산에 사시는 분이십니다.

相談者：한 일본 여성을 좋아하게 된 (①) 일 년이나 됐는데 한 번도 마음을 표현한 (②) (③).

先生：상담하시는 분은 나이가 (④) (⑤)?

相談者：서른다섯 살이에요.

先生：직업이 (⑥) (⑦)?

相談者：지금 호텔에서 일하고 있어요. 작년에 거의 도산할 (⑧)…. 그 무렵, 그 분을 알게 됐어요.

先生：아… 그렇군요. 그럼, 먼저 같이 지내는 시간을 가져 보는 건 어떠세요? 그 여자 분한테서 일본어를 배워 보는 거예요.

単語

라디오〔radio〕：ラジオ　마음：心、気持ち　표현하다〔表現하다〕：表現する、伝える　상담하다〔相談하다〕：相談する　거의：ほとんど、もう少しで　도산하다〔倒産하다〕：倒産する　무렵：頃　갖다：持つ、保持する

解答

シーン5　記憶の扉　p.18

〈日本語訳例〉

① 일본에서 취직할 생각은 해 본 적 없어?
日本で就職を考えたことはないの？

② 벌써 일본에 온 지 4년이나 지났고….
もう日本に来て4年にもなるし……。

③ 아버지는 직업이 어떻게 되셔?
お父さんはお仕事は何をされてるの？

④ 아, 깜빡할 뻔했네.
あっ、うっかり忘れるところだった。

リスニングに挑戦1　p.20

1 ①부산（プサン）　②일 년（1年）　③서른다섯 살（35歳）
④호텔（ホテル）

2 ①지　②적이　③없어요　④어떻게　⑤되시죠　⑥어떻게
⑦되시나요　⑧뻔했는데

日本語訳

司会者：次はプサンにお住まいの方です。
相談者：1人の日本人女性を好きになって1年にもなるのですが、まだ一度も気持ちを伝えたことがないんですよ。
先生　：相談されている方のお年はいくつですか。
相談者：35歳です。
先生　：お仕事は何でいらっしゃいますか。
相談者：ホテルで働いています。昨年はもう少しで倒産しそうだったんですけど……。その頃、彼女を知りました。
先生　：あ……そうなんですか。ではまず、一緒に過ごす時間を持ってみるのはいかがでしょうか。その女性から日本語を学んでみるんですよ。

第 I 部
北斗七星の想い出

2 再会

シーン6 부산 하면
プサンと言えば

シーン7 안됐네요.
残念でしたね。

シーン8 틀림없이 어울릴 거예요.
きっと似合いますよ。

シーン9 하나도 안 변했구나.
少しも変わってないね。

シーン10 記憶の扉 由美が大学に入学した数日後

リスニングに挑戦2 퀴즈 쇼 〈クイズショー〉

2 再会▶シーン6

シウは市内にあるテジクッパの食堂に
由美を案内しました。

シウ：부산 하면 돼지국밥이죠.
부산에 돼지국밥 집은 많지만
여기가 가장 유명해요.

由美：그렇구나. 처음 먹어 봤어요.
맛있네요.

シウ：전 일본 음식도 좋아해요.

由美：시우 씨는 일본에 가 본 적 있나요?

シウ：아뇨, 저는 아직 없지만 저희 형은
예전에 일본에서 유학 생활을 했었어요.

単語と語句　단어랑 어구

돼지국밥：テジクッパ（豚肉のクッパ）　유명하다〔有名하다〕：有名だ
음식〔飲食〕：食べ物、料理　저희：わたくしの、わたくしどもの
예전：かつて、以前　유학 생활〔留学 生活〕：留学生活

覚えておきたい表現

부산 하면

プサンと言えば

「JYPエンターテインメントと言えばアイドルグループ」のように、関連する２つの物事や、何かを象徴するもの、何かを連想させるものを「〜と言えば…」と言うときの表現です。名詞にそのまま「하면（〜と言えば）」をつけます。

A：뉴욕 하면 자유의 여신상이지?

B：아냐, 뉴욕 양키스지.

A：ニューヨークと言えば自由の女神でしょ？

B：ううん、ニューヨーク・ヤンキースよ。

単語

뉴욕〔New York〕：ニューヨーク
자유의 여신상〔自由의 女神像〕：自由の女神

シウ：プサンと言えば、テジクッパですよ。
プサンにテジクッパの食堂はたくさんありますが、
ここがいちばん有名です。

由美：そうなんだあ。初めて食べてみました。
おいしいですね。

シウ：私は日本料理も好きですよ。

由美：シウさんは日本に行ったことあるんですか。

シウ：いいえ、私はまだありませんが、私の兄は
以前日本で留学生活をしていましたよ。

1-2-2

2 再会▸シーン7

由美はシウの兄が日本に住んでいたという話に
興味を覚えました。

由美：형님이 일본에 대해서
말할 때도 있나요?

シウ：네, 좋아하던 사람 얘기를
가끔 하는데 아버지 일 때문에
포기할 수밖에 없었다고 해요.

由美：그거 안됐네요.

シウ：지금도 후회하고 있는지
저에게 연애는 절대 포기하지 말라고
해요.

由美：네. 저도 어쩔 수 없이 포기한 사람이
있었는데 그 후에 많이 후회했어요.

単語と語句　단어랑 어구

얘기：話（이야기の短く略された言葉）　가끔：ときどき　포기하다〔抛棄하다〕：あきらめる　후회하다〔後悔하다〕：後悔する　연애〔恋愛〕：恋愛　절대〔絶対〕：絶対　어쩔 수 없이：しかたなく、やむなく　후〔後〕：あと、のち

覚えておきたい表現

안됐네요.

残念でしたね。

「残念でしたね」と言葉をかけるときの表現です。「안되다」には「気の毒だ、残念だ」という意味があります。このドラマのせりふはすでに起きてしまったことなので過去形になっています。

A：케이보이즈의 다음 공연 티케팅에 실패했어요.

B：어머, 안됐네요.

A：K-Boysの次の公演、チケットの事前購入ができませんでした。

B：あら、残念でしたね。

単語

케이보이즈：K-Boys（架空のグループ名）　공연〔公演〕：公演
티케팅〔ticketing〕：チケットの事前購入

由美：お兄さんは日本について話すときもありますか。

シウ：ええ、好きだった人の話をときどきしますが、父の仕事のために、あきらめざるをえなかったそうです。

由美：それは残念でしたね。

シウ：今も後悔しているのか、私に恋愛は決してあきらめるなと言いますよ。

由美：ええ。私もしかたなくあきらめた人がいたのですが、あとでとても後悔しました。

1-2-3

2 再会▶シーン8

シウにとても親切に案内してもらった由美は、
バッグから友人へのお土産に作ったマフラーを取り出しました。

由美：이틀간 정말 감사합니다.

シウ：아유, 아닙니다.

由美：이거 제가 만든 목도리인데
받아 주세요.

シウ：이렇게 귀한 걸 제가 받아도 되나요?

由美：그럼요. 틀림없이 어울릴 거예요.

シウ：고맙습니다. 잘 쓸게요.
어, 북두칠성…. 같은 모양의 목걸이
어디서 많이 봤는데….

単語と語句　단어랑 어구

이틀간〔이틀間〕：2日間　목도리：マフラー　귀하다〔貴하다〕：立派だ、貴い
어울리다：似合う　같은：同じ　목걸이：ペンダント、ネックレス

覚えておきたい表現

틀림없이 어울릴 거예요.

きっと似合いますよ。

「틀리다（間違う）」という動詞の名詞形「틀림」に「없이（〜なく）」がついて「틀림없이（間違いなく、きっと、絶対に）」という表現になっています。

「틀림없다（間違いない）」という形容詞もあり、「틀림없습니다.（間違いありません）」などのように使われます。

A：이 원피스 작지 않을까요?

B：아니에요. 틀림없이 잘 맞을 거예요.

A：このワンピース小さくありませんか。

B：いいえ。きっとぴったり合いますよ。

単語

원피스〔one piece〕：ワンピース　작다：小さい　맞다：合う

由美：２日間本当にありがとうございました。

シウ：いえ、そんな。

由美：これ、私が作ったマフラーですが、もらってください。

シウ：こんなに立派なものを僕がもらっていいのですか。

由美：もちろんです。きっと似合いますよ。

シウ：ありがとうございます。大事に使います。
あっ、北斗七星……。同じデザインのペンダント、どこかでよく見たんだけど……。

1-2-4

2 再会▶シーン９

由美は旧友のノアが経営するホテルにやってきました。

ノア：잘 왔어. 하나도 안 변했구나.

由美：노아야말로 하나도 안 변했네.

ノア：오늘은 일이 다섯 시에 끝나는데
어쩌지?

由美：아, 그래?

ノア：그때까지 10층에 있는 카페에서
기다려 줄래?

由美：얘기할 게 산더미같이 많아.
빨리 와.

単語と語句　단어랑 어구

변하다〔変하다〕:変わる　야말로:～こそ　끝나다:終わる　층〔層〕:階
카페〔café〕:カフェ　얘기하다:話す、語る　산더미〔山더미〕:山積み、山
빨리:早く

覚えておきたい表現

하나도 안 변했구나.

少しも変わってないね。

「하나도（ひとつも、まったく）」は、後ろに否定の文が続くと、全否定の表現になります。「변하다（変わる）」の否定文の過去形に「구나」がついて、「하나도 안 변했구나.（少しも変わってないね）」と、久しぶりの再会でよく使われる表現になっています。

A：여기 오랜만이지?

B：그래. 하나도 안 변했다.

A：ここ、久しぶりだよね？

B：そうね。少しも変わってないわ。

単語

오랜만：久しぶり

ノア：よく来たね。少しも変わってないね。

由美：ノアこそ、少しも変わってないわね。

ノア：今日は仕事が５時に終わるんだけど、どうしよう？

由美：あら、そうなの？

ノア：それまで10階にあるカフェで待っていてくれないか。

由美：話すことが山のようにあるわよ。早く来てね。

1-2-5

2 再会▶シーン10 記憶の扉

＊音声を聞き、登場人物の置かれた状況や気持ちを生かしながら、空欄になっているセリフを日本語に訳してみましょう。

由美が大学に入学した数日後

大学からの帰りのバスの中、1人の若者がお年寄りに席を譲って由美の隣に立ちました。お礼を言うお年寄りに、その若者がつい「아니에요.（いいえ）」と、韓国語で答えてしまったのを見て、由美は声をかけました。

由美：유학생이세요?

ノア：네, 이번 4월에 관광학과에 입학했습니다. 근데 아직 친구가 없어서 좀 힘드네요. 친한 친구가 떨어져서….

由美：아, ①안됐네요. 하지만 ②관광학과 하면 우리 학교죠. 저도 이번에 입학했으니 우리 친구해요.

ノア：정말요? 잘됐다! 어! 내릴 곳을 지나쳐 버렸어요!

由美：어머! 그래요? 그럼 다음 정류장에서 같이 내려요.

2人は次のバス停で降りました。

由美：난 예전에 이 근처에 살았어요.
③하나도 안 변했네요.
④이 골목으로 들어가면 틀림없이 지름길이 나올 거예요.

ノア：그럼 가 볼까요?

由美：아, 저기 봐요. 북두칠성 너무 예쁘다.

単語と語句　단어랑 어구

관광학과〔観光学科〕: 観光学科　근데: ところで、でも　내리다: 降りる
지나치다: 過ぎる　정류장〔停留場〕: 停留所　골목: 路地　지름길: 近道

由美：留学生なんですか？

ノア：はい。この4月に観光学科に入学しました。でも、まだ友達がいなくてたいへんです。親友が落ちちゃって……。

由美：あ、① ______________

でも、② ______________

私も今回入学したから友達になりましょうよ。

ノア：本当ですか。そりゃよかった！ あ！ 降りるところ過ぎちゃいました！

由美：あら！ そう？ では次のバス停でいっしょに降りましょう。

由美：私、昔この近くに住んでいたんですよ。

③ ______________

④ ______________

ノア：じゃあ、入ってみましょうか。

由美：あ、あれ見てください。北斗七星、すっごくきれい。

2 リスニングに挑戦２〈クイズショー〉

퀴즈 쇼

1 音声を聞いて、次の質問に答えましょう。

① 이 문제를 맞히면 몇 점을 받습니까?

② 뉴욕 하면 무엇입니까?

③ 도전자의 답은 무엇이었습니까?

④ 정답은 무엇이었습니까?

① この問題に正解したら何点もらえますか。
② ニューヨークと言えば何ですか。
③ 挑戦者の答えは何でしたか。
④ 正解は何でしたか。

2 音声を聞いて、空欄に語句を入れましょう。

司会者　：마지막 문제입니다. 이 문제를 맞히면 10 점을 드립니다.

ナレーター：(①　　　　)(②　　　　) 자유의 여신상이죠. 자유의 여신상은 어느 나라로부터 선물 받은 것일까요? (삐～)

司会者　：네, 도전자! 자신 있습니까?

挑戦者　：네, 있습니다. (③　　　　　　).

司会者　：그 자신감은 전에 나왔을 때랑 (④　　　　)(⑤　　　)(⑥　　　　　). 이번 문제를 맞히면 우승입니다!

挑戦者　：대한민국. (땡～)

司会者　：아, (⑦　　　　　). 우승까지 다 왔는데, 아닙니다. 퀴즈 왕!

クイズ王：프랑스!!!

司会者　：네, 정답입니다. (딩동댕～)

単語

퀴즈 쇼〔quiz show〕:**クイズ番組、クイズショー**　마지막:**最後**
문제〔問題〕:**問題**　선물〔膳物〕:**贈り物、プレゼント**
도전자〔挑戦者〕:**挑戦者**　자신〔自信〕:**自信**　우승〔優勝〕:**優勝**
퀴즈 왕〔quiz 王〕:**クイズ王**　정답〔正答〕:**正答、正解**

解答

シーン10　記憶の扉　p.32

〈日本語訳例〉

① 안됐네요.
残念でしたね。

② 관광학과 하면 우리 학교죠.
観光学科と言えば、うちの学校ですよね。

③ 하나도 안 변했네요.
まったく変わってないわ。

④ 이 골목으로 들어가면 틀림없이 지름길이 나올 거예요.
この路地を入ればきっと近道がありますよ。

リスニングに挑戦2　p.34

1 ①십 점 (10点)　②자유의 여신상 (自由の女神)
③대한민국 (大韓民国)　④프랑스 (フランス)

2 ①뉴욕　②하면　③틀림없습니다
④하나도　⑤안　⑥변했네요　⑦안됐네요

日本語訳

司会者　：最後の問題です。この問題に正解しますと、10点を差し上げます。
ナレーター：ニューヨークと言えば自由の女神ですよね。
この自由の女神はどこの国から贈られたものでしょうか。(ピンポン)
司会者　：はい、挑戦者！ 自信ありますか？
挑戦者　：はい、あります。間違いありません。
司会者　：その自信は以前出場したときとまったく変わっていませんね。この問題を正解すれば優勝です！
挑戦者　：大韓民国。(ブー)
司会者　：ああ残念です。優勝まであと一歩だったのに、違います。クイズ王！
クイズ王　：フランス!!!
司会者　：はい、正解です。(ピンポンピンポン)

第 I 部
北斗七星の想い出

3 忘れえぬ恋

1-3-1

3 忘れえぬ恋▶シーン11

20年ぶりに再会した由美とノアは、
互いの消息を確認しあいます。

ノア：그동안 어떻게 지냈어?

由美：잘 지냈어. 벌써 20년이나 지났네.
이거 우리 남편 사진. 류, 기억하지?
항상 같이 지냈잖아.

ノア：당연하지. 잘 지내?

由美：응, 그럼. 노아는 언제 결혼했어?

ノア：음,… 솔직히 말하면 나 아직
독신이야.

由美：뭐? 소문으로는 결혼했다고 들었는데.

単語と語句 단어랑 어구

그동안：その間、あれ以来　우리 남편〔우리 男便〕：うちの夫　류：隆（人名）
기억하다〔記憶하다〕：覚えている、記憶する　항상〔恒常〕：いつも、常に
독신〔独身〕：独身　소문〔所聞〕：うわさ、ゴシップ

覚えておきたい表現

솔직히 말하면

正直に言うと

「솔직히」は漢字を入れて書くと「率直히」となります。ニュアンスとしては、ドラマのせりふのように「正直に」という意味でよく使われます。「말하면（言うと）」の部分を活用し、「솔직히 말해서（率直に言って）」「솔직히 말해 봐.(正直に言ってみて)」などのような形で使います。

A：솔직히 말해서, 난 네가 좋아.

B：어머….

A：率直に言って、僕は君が好きだ。

B：あら……。

単語

네：君、お前など（「あなた」のカジュアルな言い方）
助詞の가がついていないときは너

ノア：あれ以来元気だった？

由美：ええ。もう20年もたったのね。
これうちの夫の写真。隆、覚えている？ いつもいっしょにいたじゃない。

ノア：もちろん。元気にしてる？

由美：うん、とっても。ノアはいつ結婚したの？

ノア：うーん……正直に言うと、僕まだ独身なんだ。

由美：何？ うわさでは結婚したって聞いていたのに。

1-3-2

3 忘れえぬ恋▶シーン12

ノアは由美をプサンの観光スポットに
連れてきました。

ノア：저기가 감천문화마을이라고 하는 유명한 관광지야.

由美：아, 예쁘다. 저기엔 어떻게 가?

ノア：여기서는 택시 타고 가.

由美：사람이 꽤 많네.

２人はカムチョン文化村に着きました。

ノア：여기는 좋은 경치뿐만 아니라 드라마 촬영지로도 유명해.

由美：난 아직 한국 드라마 본 적 없는데….

単語と語句　단어랑 어구

감천문화마을〔甘川文化마을〕：カムチョン文化村（地名）
관광지〔観光地〕：観光地　타다：乗る　꽤：たくさん、かなり
드라마〔drama〕：ドラマ　촬영지〔撮影地〕：撮影地、ロケ地

覚えておきたい表現

좋은 경치뿐만 아니라

いい景色だけではなく

名詞に「뿐만（のみ）」「아니라（ではなく）」とつけると「～だけではなく」という表現になります。その次に名詞を続けて「A뿐만 아니라 B（Aだけでなく B）」という表現もよく使われます。また、「－뿐만 아니다（～だけではない）」という形でも使われます。

A：나 너뿐만 아니라 그 사람도 좋아해.

B：뭐라고? 나야, 그 사람이야? 선택해.

A：私、あなただけじゃなく、あの人も好きなの。

B：何だって。僕か、彼か、選んでくれ。

単語

선택하다〔選択하다〕：選択する、選ぶ

ノア：あそこがカムチョン文化村という有名な観光地だよ。

由美：わあ、素敵。あそこにはどうやって行くの？

ノア：ここからはタクシーに乗って行くんだよ。

由美：人がとってもたくさんいるわね。

ノア：ここはいい景色だけではなく、ドラマのロケ地としても有名なんだ。

由美：私、まだ韓国ドラマ見たことないんだけど……。

1-3-3

3 忘れえぬ恋▶シーン13

２人はカムチョン文化村を散策しながら、
若い頃の想い出をたぐりよせはじめました。

由美：와아, 건물들이 참 멋지다.

ノア：고등학생 때 눈 오는 날
첫 데이트 한 것도 여기였지.

由美：아직도 이 부근에서
데이트하는 거 아냐?

ノア：눈이 오지 않았으면, 해운대도
안내해 주려고 했는데….
오늘은 유미가 하고 싶은 대로 하자.

由美：그럼 저 벤치에서 조금만 쉬자.

単語と語句 단어랑 어구

고등학생〔高等学生〕：高校生　첫：最初の　데이트〔date〕：デート
부근〔附近〕：近く　해운대〔海雲台〕：ヘウンデ（地名）
벤치〔bench〕：ベンチ　쉬다：休む

覚えておきたい表現

데이트하는 거 아냐?

デートしているんじゃないの？

「～んじゃないの？」という疑問の表現は、動詞の連体形に「거 아냐?」をつけます。カジュアルな表現ですので、もう少していねいに言うのであれば、「아냐?」を「아니에요? (ではありませんか)」とします。

A：두 사람 사귀고 있는 거 아니에요?

B：아냐, 그냥 친구야.

A：２人はつきあっているのではありませんか。

B：いえ、ただの友達よ。

単語

그냥：ただ (の)

由美：わあ、建物が本当にすてき。

ノア：高校生のとき、雪の降る日、初デートしたのもここだったんだ。

由美：今でも、この近くでデートしているんじゃないの？

ノア：雪が降っていなかったら、ヘウンデも案内してあげようと
思ったんだけど……。
今日は由美の好きなようにして過ごそう。

由美：じゃあ、あのベンチで少し休みましょう。

1-3-4

3 忘れえぬ恋▶シーン14

２人はベンチに座り、長い空白の期間を
埋めるかのように話に夢中になっています。

ノア：여기 올 때 류는 뭐라고 했어?

由美：너한테 나 잘 부탁한대.

아직도 나를 애 취급해.

류도 너 만나고 싶어했어.

ノア：아아 그립다. 셋이서 재미있었는데.

由美：아, 봐, 봐. 조그만 눈사람.

예전에 내가 만들었던 거 기억해?

ノア：응. 졸업식 전날이었었지?

単語と語句　단어랑 어구

부탁하다〔付託하다〕:お願いする、頼む　애:子ども（아이が短く略された言葉）
취급하다〔取扱하다〕:取り扱う、扱う　그립다:懐かしい　셋이서:３人で
조그만:小さい（조그마한が短く略された言葉）　눈사람:雪だるま
졸업식〔卒業式〕:卒業式　전날〔前날〕:前日

覚えておきたい表現

만나고 싶어했어.

会いたがっていたわ。

「～したがる」という表現は、動詞の語幹に「고 싶어하다」をつけます。「見たがる」であれば「보다（見る）」という動詞を使い、「보고 싶어하다」です。さらに、「하다」の部分を「했어」と過去形にすることで「～したがっていた」という表現になります。

A：남자친구가 그 공포 영화 보고 싶어했는데.

B：보면 되잖아! 뭐가 문제야.

A：彼がそのホラー映画見たがっていたんだけれど。

B：見ればいいじゃない！ 何が問題なの。

単語

공포〔恐怖〕：ホラー、恐怖

ノア：ここに来るとき、隆は何か言っていた？

由美：ノアに私のことよろしく頼むだって。

いまだに私を子ども扱いよ。

隆もあなたに会いたがっていたわ。

ノア：ああ、懐かしいなあ。３人で楽しかったよね。

由美：あ、見て。小さな雪だるま。

昔、私が作ったの覚えてる？

ノア：うん。卒業式の前日だったよね。

1-3-5

3 忘れえぬ恋▶シーン15 記憶の扉

＊音声を聞き、登場人物の置かれた状況や気持ちを生かしながら、空欄になっているセリフを日本語に訳してみましょう。

由美の大学の卒業式前日

同級生の隆とノアは話し込んでいます。少し離れたところでは、由美が１人で雪だるまを作っています。

隆：한국 돌아가기 전에 고백하고 가.

ノア：싫어. 한국에 돌아가는데 이제 와서 하면 뭐 하겠어.

隆：다시 와. ①너도 일본에서 취직하고 싶어했잖아.

ノア：나 하고 싶은 대로 다 할 수는 없어. 무리야.

隆：②솔직히 말하면 유미도 널 좋아하고 있다고!

ノア：어? 그걸 어떻게 알아?

隆：한국어도 공부하기 시작했다잖아.

ノア：③너… 유미를 좋아하는 건 나뿐만이 아니잖아.

由美が２人のほうに息を切らせて走ってきます。

由美：뭐 해? 저것 봐. 눈사람을 만들었어. 호호.

어, 둘이 ④너무 심각한 거 아냐? 무슨 일 있어?

単語と語句　단어랑 어구

돌아가다:帰る　고백하다〔告白하다〕:告白する　싫다:いやだ
이제 와서:今になって、今さら　다시:また、再び
취직하다〔就職하다〕:就職する　심각하다〔深刻하다〕:深刻だ

隆　：韓国に帰る前に告白して行けよ。

ノア：いやだ。韓国に帰るのに今さらしてどうなるんだ。

隆　：また戻って来いよ。①＿＿＿＿＿＿＿＿＿＿

ノア：何でも自分のしたいようにするわけにはいかないいんだ。無理だよ。

隆　：②＿＿＿＿＿＿＿＿＿＿

ノア：え？ どうやって、それを？

隆　：韓国語も勉強しはじめたというじゃないか。

ノア：③＿＿＿＿＿＿＿＿＿＿

由美：何しているの？ あれ見て。雪だるま作っちゃった。へへ。

あれ、２人ともちょっと④＿＿＿＿＿＿＿＿＿＿

何かあったの？

3 リスニングに挑戦3 〈ファンミーティング〉
팬미팅

1 音声を聞いて、次の質問に答えましょう。

① 팬 미팅은 어디서 열렸습니까?

② 팬 미팅에는 어떤 행사가 있습니까?

③ 팬들은 어디서 왔습니까?

④ 케이보이즈는 언제부터 운동을 하고 있습니까?

① ファンミーティングはどこで開かれましたか。
② ファンミーティングには、どんなイベントがありますか。
③ ファンはどこから来ましたか。
④ K-Boysはいつから運動をしていますか。

2 音声を聞いて、空欄に語句を入れましょう。

司会者　: 여기 인천에서 케이보이즈의 첫 팬미팅이 열립니다. 게임이나 쇼(①　　　　)(②　　　　), 사인회도 준비되어 있습니다. 자, 케이보이즈입니다!

K-Boys : 여러분, 안녕하세요? 케이보이즈입니다.

司会者　: 보십시오, 이 열기. 오늘은 (③　　　　)(④　　　　), 일본에서도 많은 분들이 와 주셨어요.

K-Boys : (⑤　　　　)(⑥　　　　), 이렇게 많은 분들이 와 주실 거라고는 상상도 못했어요.

司会者　: 팬 분들이 무척 (⑦　　　　)(⑧　　　　). 그런데, 여러분, 요즘 (⑨　　　　)(⑩　　　　)(⑪　　　　)? 몸이 너무 좋으세요.

K-Boys : 네, 데뷔 이후로 매일 꾸준히 하고 있습니다.

単語

팬미팅〔fan meeting〕: ファンミーティング　인천〔仁川〕: インチョン
열리다: 開かれる　게임〔game〕: ゲーム　쇼〔show〕: ショー
사인회〔sign 会〕: サイン会　열기〔熱気〕: 熱気　상상〔想像〕: 想像
무척: とても、ものすごく　운동하다〔運動하다〕: 運動する
데뷔〔début〕: デビュー　이후〔以後〕: 以後、以来　꾸준히: こつこつ（と）

解答

シーン15　記憶の扉　p.46

〈日本語訳例〉

① 너도 일본에서 취직하고 싶어했잖아.
お前も日本で就職したがっていたじゃないか。

② 솔직히 말하면 유미도 널 좋아하고 있다고!
正直に言うと、由美もお前を好きなんだよ！

③ 너… 유미를 좋아하는 건 나뿐만이 아니잖아.
お前……由美のことを好きなのは僕だけじゃないだろ。

④ 너무 심각한 거 아냐?
深刻すぎなんじゃないの？

リスニングに挑戦3　p.48

1 ①인천（インチョン）　②게임, 쇼, 사인회（ゲーム、ショー、サイン会）　③한국, 일본（韓国、日本）　④데뷔 이후（デビュー以来）

2 ①뿐만　②아니라　③한국뿐만　④아니라　⑤솔직히　⑥말해서　⑦만나고　⑧싶어했어요　⑨운동하시는　⑩거　⑪아니에요?

日本語訳

司会者：ここインチョンでK-Boysの初めてのファンミーティングが開かれます。ゲームやショーだけでなく、サイン会も用意していますよ。さあ、K-Boysです！

K-Boys：みなさん、こんにちは。K-Boysです。

司会者：ご覧ください、この熱気。今日は韓国だけでなく、日本からも多くの方が来てくださいました。

K-Boys：正直に言って、こんなに多くの方が来てくださるとは想像もできませんでした。

司会者：ファンの方たちがとっても会いたがってましたよ。ところでみなさん、最近運動されてるんじゃないですか。身体がすごいですよ。

K-Boys：はい、デビュー以来毎日こつこつやっています。

第 I 部
北斗七星の想い出

4 別れ

シーン16 기대하고 있을게.
楽しみにしているわ。

シーン17 멀지 않았네.
もうすぐだね。

シーン18 그러고 보니
そういえば

シーン19 만났으면 좋겠다.
出会うといいわね。

シーン20 記憶の扉 ノアが日本留学を終えて韓国に帰国する日

リスニングに挑戦4 현장 리포트 1〈ローカルリポート1〉

1-4-1

4 別れ▶シーン16

由美は帰国を明日に控え、
ノアといっしょにお酒を飲んでいます。

由美：나 내일 간다.

ノア：그래. 시간 참 빠르다.

由美：내 피아노 발표회 기억하고 있어?

ノア：그럼. 그때 녹음한 CD 아직도 갖고 있어.

由美：정말?

ノア：지금도 나에겐 보물이야. 내일 공항까지 가는 차 안에서 들려줄게.

由美：응. 기대하고 있을게.

単語と語句 단어랑 어구

빠르다:速い・早い　발표회〔発表会〕:発表会
녹음하다〔録音하다〕:録音する　시디〔CD〕:CD　보물〔宝物〕:宝物
공항〔空港〕:空港　들려주다:聞かせる

覚えておきたい表現

기대하고 있을게.

楽しみにしているわ。

日本語でよく使う「楽しみにする」は「기대하다（期待する）」という動詞を使います。語幹に「고 있다」をつけて現在進行形の「기대하고 있다（期待している）」に、さらに、意志や未来を表す「ㄹ/을게」という語尾をつけて、「期待しているわ」という表現になっています。

A：너 내일 생일이지?

B：응. 선물 줄 거지? 기대하고 있을게.

A：あなた明日誕生日でしょ？

B：そう。プレゼントくれるよね？ 楽しみにしているよ。

単語

생일〔生日〕：誕生日

由美：私、明日帰るのね。

ノア：ああ。時間って本当に早いな。

由美：私のピアノの発表会覚えている？

ノア：もちろん。そのとき録音したCDをまだ持っているよ。

由美：本当？

ノア：今も、僕にとっては宝物だよ。
明日空港に行く車の中で聞かせてあげるよ。

由美：うん。楽しみにしているわ。

1-4-2

4 別れ▶シーン17

由美はノアの車で空港まで送ってきてもらいました。

由美：정말 신세 많이 졌어.

ノア：아냐, 나야말로 즐거웠어.

由美：한국은 처음이었지만 아주 좋았어.

ノア：유미가 한국 드라마나 케이팝에
빠지는 날도 멀지 않았네.

由美：일본에 돌아가면 한국 노래를
들으면서 공부할 거야.
듣기 공부도 더 해야지.

ノア：한국 영화도 많이 보면 좋을 거야.

単語と語句　단어랑 어구

신세 많이 지다：大変世話になる　나야말로：僕こそ　즐겁다：楽しい
케이팝〔KPOP〕：K-POP　빠지다：落ちる、はまる
듣기：聞くこと、リスニング

覚えておきたい表現

멀지 않았네.

もうすぐだね。

「멀다 (遠い)」という形容詞には、距離の遠さ以外にも、時間的に「遠い、ずっと先」という意味があります。その否定形の「멀지 않다」という形で、「もうすぐだ」という意味になります。このドラマのように「すでに近くなってしまっている」というニュアンスで、過去形で使われることがよくあります。

A：시간 참 빠르다.

B：진짜 그렇네. 졸업도 멀지 않았어.

A：時間って本当に早いね。

B：本当にそう。卒業ももうすぐだね。

単語

졸업〔卒業〕：卒業

由美：本当にお世話になっちゃったわね。

ノア：いやあ、僕こそ楽しかった。

由美：韓国は初めてだったけど、とってもよかった。

ノア：由美が韓国ドラマやK-POPにはまる日ももうすぐだね。

由美：日本に帰ったら韓国の歌を聞きながら勉強するわ。
リスニングの勉強ももっとしなきゃ。

ノア：韓国映画もたくさん見るといいよ。

1-4-3

4 別れ▶シーン18

由美は列車で知りあったシウにあげた
北斗七星のマフラーを、ノアがしているのに気づきました。

由美：어, 그 목도리.

ノア：아, 이거. 집에서 나올 때 추워서
동생 걸 하고 왔어.

由美：그러고 보니, 남동생이 있다고 했었지.

ノア：응. 아직 어리지만, 나중에 같이 호텔을
경영하기 위해 공부하고 있어.

由美：그렇구나. 후후훗.

ノア：뭔가 이상한데?

由美：아냐, 아무것도.

単語と語句 단어랑 어구

나오다：出て来る　춥다：寒い　어리다：幼い、若い　나중에：将来、後で
경영하다〔経営하다〕：経営する　이상하다〔異常하다〕：おかしい
아무것도：何も

覚えておきたい表現

그러고 보니

そういえば

相手の言った話題を受けて、「そういえば」「そうしてみると」と、次の話題に展開するときに使う表現です。また、「すると……」と話を切り出したりするときにも使います。

A：그러고 보니 너 얼굴이 좀 변했구나.

B：응… 사실은…, 화장을 조금 바꿔 봤어.

A：そういえば、あなたの顔ちょっと変わったわね。

B：うん、実は……お化粧を少し変えてみたの。

単語

얼굴:顔　사실은〔事実은〕:実は　화장〔化粧〕:化粧　바꾸다:変える

由美：あら、そのマフラー。

ノア：ああ、これ。家を出て来るときに寒かったから弟のものをしてきたんだ。

由美：そういえば、弟がいると言っていたわね。

ノア：うん。まだ若いけれど、将来いっしょにホテルを経営するために勉強しているんだ。

由美：そうなんだ。フフフ。

ノア：何かおかしいの？

由美：いえ、何も。

1-4-4

4 別れ▶シーン19

空港の出国ゲートの前で由美はお礼を述べています。

由美：정말 고마웠어. 또 놀러 올게.

ノア：그래. 다음에는 류랑 같이 놀러 와.

由美：응. 꼭 올게. 노아도 어서
좋은 사람 만났으면 좋겠다.

ノア：그래. 아, 이거 비행기 안에서
읽어 봐.

由美：20년 전에도 일본에서 떠날 때
나에게 편지를 줬었지.

ノア：그랬었지. 저기 유미….
아니, 아무것도 아냐. 조심해서 가.

単語と語句　단어랑 어구

고맙다：ありがたい　놀러 오다：遊びに来る　어서：早く
비행기〔飛行機〕：飛行機　떠날 때：たつとき、帰るとき
조심하다〔操心하다〕：気をつける

覚えておきたい表現

만났으면 좋겠다.

出会うといいわね。

「〜したらいい」という希望・願望を表す表現は、動詞の過去形に「으면」をつけて、「〜したら」とし、その後に「좋겠다（いいと思う）」と続けます。これから先のことであっても前の動詞は過去形になることに気をつけてください。

A：나 내일 소개팅 있어.

B：정말? 좋은 사람 만났으면 좋겠다.

A：私、明日合コンがあるの。

B：本当？ いい人と会えるといいわね。

単語

소개팅〔紹介 ting〕：1対1の合コン

由美：本当にありがとう。また遊びに来るわね。

ノア：そうだね。次回は隆といっしょに遊びにおいで。

由美：うん。きっと来るわ。ノアも早くいい人に出会うといいわね。

ノア：そうだね。あ、これ飛行機に乗ってから読んで。

由美：20年前も日本をたつときに私に手紙をくれたわよね。

ノア：そうだったね。あの、由美……。
いや、何でもない。気をつけて。

4 別れ▶シーン 20 記憶の扉

＊音声を聞き、登場人物の置かれた状況や気持ちを生かしながら、空欄になっているセリフを日本語に訳してみましょう。

ノアが日本留学を終えて韓国に帰国する日

由美は機内でノアからの手紙を開けようとします。なぜか涙があふれ目を閉じると、20年前、ノアが帰国するときにくれた手紙を思い出しました。

이제 한국으로 ①돌아갈 날이 멀지 않았어. 너와 처음 버스 안에서 만났을 때부터 지금까지, 그 순간 순간 모든 걸 기억해. 나는 유미, 류, 너희 둘하고 친구가 된 것을 정말 감사하게 생각해. ②그러고 보니 내가 외로워서 울고 싶을 때마다 두 사람은 나를 웃게 해 줬었지. 두 사람 모두 나에겐 친구 이상의 존재였어.

정말 고마워. ③유미가 언제까지나 행복했으면 좋겠다. 그리고 류를 잘 부탁해. 좋은 녀석이야.

나중에 둘이서 한국에 꼭 놀러 와.

④나도 다시 만날 날을 기대하고 있을게.

한노아

単語と語句　단어랑 어구

돌아갈 날:**帰る日**	순간〔瞬間〕:**瞬間**	외롭다:**寂しい**	울다:**泣く**
웃다:**笑う**	존재〔存在〕:**存在**	언제까지나:**いつまでも**	녀석:**奴**

もう韓国に①＿＿＿＿＿＿＿＿＿＿＿＿＿＿＿＿＿＿＿＿

君と初めてバスの中で会ったときから今まで、その瞬間、瞬間のすべてを覚えているよ。僕は由美、隆、君たち２人と友達になれたことを本当に感謝している。②＿＿＿＿＿＿＿＿＿＿＿＿＿僕が寂しくて、泣きたくなったときには、いつも２人が僕を笑わせてくれたよね。２人とも僕にとっては友達以上の存在だった。

本当にありがとう。③＿＿＿＿＿＿＿＿＿＿＿＿＿＿＿＿＿＿そして隆をよろしく。いい奴だよ。

いつか、必ず２人で韓国に遊びに来てくれ。

④＿＿＿＿＿＿＿＿＿＿＿＿＿＿＿＿＿＿＿＿＿＿＿＿

ハン・ノア

4 リスニングに挑戦４〈ローカルリポート1〉
현장 리포트1

1 音声を聞いて、次の質問に答えましょう。

① 리포터는 지금 어디에 있습니까?

② 리포터는 누구에게 말을 걸었습니까?

③ 요즘 맛있는 생선은 무엇입니까?

④ 굴비가 많이 팔리는 이유는 무엇입니까?

① リポーターは今どこにいますか。
② リポーターは誰に話しかけましたか。
③ 最近おいしい魚は何ですか。
④ イシモチがよく売れる理由は何ですか。

2 音声を聞いて、空欄に語句を入れましょう。

スタジオ：오늘은 부산의 자갈치 시장에 하 리포터가 가 있는데요. 하 리포터, 그쪽 분위기는 어떤가요?

ハ　：시장은 아침부터 아주 활기찹니다.
여기에 한 호텔의 사장님이 와 계십니다.
사장님 요즘 뭐가 맛있어요?

社長　：지금은 명태가 제철이죠.

ハ　：아, (①　　　　)(②　　　　) 여기저기 많이 팔고 있네요.

社長　：그리고 설날도 (③　　　　)(④　　　　) 굴비도 인기가 있어요.

ハ　：그렇군요. 말씀 잘 들었습니다. 명태도 굴비도 많이 (⑤　　　　)(⑥　　　　).

スタジオ：하 리포터 감사합니다.
다음주도 (⑦　　　　)(⑧　　　　).

単語

현장〔現場〕:現場　리포트〔report〕:リポート　자갈치 시장〔자갈치 市場〕:チャガルチ市場　하:ハ（人名）　리포터:リポーター　분위기〔雰囲気〕:雰囲気　활기차다〔活気차다〕:活気あふれる　명태〔明太〕:スケトウダラ　제철:旬　설날:お正月　굴비:イシモチの干物　팔리다:売れる

解答

シーン20 記憶の扉 p.60

〈日本語訳例〉

① 돌아갈 날이 멀지 않았어.
帰る日がそこまで来てしまった。

② 그러고 보니
そういえば

③ 유미가 언제까지나 행복했으면 좋겠다.
由美にはいつまでも幸せでいてほしい。

④ 나도 다시 만날 날을 기대하고 있을게.
僕も再び会える日を楽しみにしているよ。

リスニングに挑戦4 p.62

1 ①자갈치 시장（チャガルチ市場）
②호텔의 사장（ホテルの社長）＊ノア ③명태（スケトウダラ）
④설날도 멀지 않아서（お正月も近いから）

2 ①그러고 ②보니 ③멀지 ④않아서 ⑤팔렸으면
⑥좋겠네요 ⑦기대하고 ⑧있을게요

日本語訳

スタジオ：今日はプサンのチャガルチ市場にハ・リポーターが行っています。ハ・リポーター、そちらの様子はいかがですか。

ハ　　：市場は朝からとても活気にあふれています。こちらに、あるホテルの社長さんがいらっしゃっています。社長さん、最近何がおいしいですか。

社長　：今はスケトウダラが旬ですよ。

ハ　　：あ、そういえばあちこちでたくさん売っていますよね。

社長　：それに、お正月も近いからイシモチの干物も人気があります。

ハ　　：そうなんですか。お話ありがとうございます。スケトウダラもイシモチもたくさん売れればいいですね。

スタジオ：ハ・リポーター、ありがとうございます。来週も楽しみにしていますよ。

＊韓国ではイシモチの干物は正月やお盆の贈答品として人気があります。

第Ⅱ部
ホテリエ誕生

1 不安

2-1-1

1 不安▶シーン21

学校を卒業した田中沙羅は、母、由美の紹介で、
プサンにあるホテルで働くことになりました。

ノア：잘 왔어요. 한노아입니다.

沙羅：처음 뵙겠습니다. 다나카 사라입니다.

ノア：어머니를 많이 닮았네.
엄마는 잘 계시나요?

沙羅：예. 아주 잘 지내세요.

ノア：한국어 공부는 얼마나 했어요?
발음이 정말 좋네요.

沙羅：아니에요. 아직 멀었어요.
오늘부터 잘 부탁드리겠습니다.

単語と語句 단어랑 어구

다나카 사라：田中沙羅（人名）　닮다：似る　잘 지내다：元気に過ごす
발음〔発音〕：発音

覚えておきたい表現

아직 멀었어요.

まだまだです。

力が及ばないこと、まだ程度が不十分なことを述べる表現です。「遠い」という意味の形容詞「멀다」には「及ばない、程度が至らない」という意味もあり、このせりふのように、「아직（まだ）」とあわせて、人からほめられたときなどに、謙遜する意味でもよく使われます。

A：신혼도 아닌데 부인한테 정말 잘 하는구나. 진짜 애처가야.

B：아니야, 애처가라고 하기에는 아직 멀었지.

A：新婚でもないのに奥さんに本当に尽くしているね。本当に愛妻家だ。

B：いや、愛妻家というにはまだまだだよ。

単語

신혼〔新婚〕：新婚　부인〔夫人〕：夫人　애처가〔愛妻家〕：愛妻家

ノア：よく来ましたね。ハン・ノアです。

沙羅：はじめまして。田中沙羅です。

ノア：お母さんにそっくりだね。お母さんはお元気ですか。

沙羅：はい。とても元気にしています。

ノア：韓国語の勉強はどのくらいしたんですか。
発音が本当にきれいですね。

沙羅：いいえ。まだまだです。
今日からよろしくお願いいたします。

2-1-2

1 不安▶シーン22

朝のミーティングで社長のノアは、
従業員に沙羅を紹介しました。

ノア：일본에서 온 다나카 사라 씹니다.
윤화 씨, 사라 씨한테 여러 가지
잘 가르쳐 줘요.

ユナ：이래 봬도 입사 3년 차예요.
뭐든지 물어보세요.

沙羅：아까 동갑이라고 들었어요.
잘 부탁드려요.

ノア：자, 새 식구도 들어왔으니 모두 힘을
합쳐서 이 난국을 이겨 내 봅시다.

単語と語句　단어랑 어구

윤화:ユナ（人名）　입사〔入社〕:入社　년 차〔年 次〕:～年目
뭐든지:何でも　아까:さっき　동갑〔同甲〕:同い年　새:新しい～
식구〔食口〕:家族、仲間　힘:力　합치다〔合치다〕:合わせる
난국〔難局〕:難局　이겨 내다:こらえぬく、打ち勝つ

覚えておきたい表現

이래 봬도

こう見えても

見た目の印象と異なることを説明するときに、「こう見えても」と、事前に断わる表現です。同じように、「그래 봬도（そう見えても）」「저래 봬도（ああ見えても）」という言い方もあります。

A：이건 우리 회사의 사활이 걸린 프로젝트라니까.

B：이래 봬도 전력을 기울이고 있다니까요.

A：これはわが社の命運がかかっているプロジェクトなんだから。

B：こう見えても全力を傾けているんですよ。

単語

사활이 걸리다〔死活이 걸리다〕：命運がかかる
프로젝트〔project〕：プロジェクト　전력〔全力〕：全力　기울이다：傾ける

ノア：日本から来た田中沙羅さんです。
ユナさん、沙羅さんにいろいろと教えてあげてください。

ユナ：こう見えても入社3年目です。何でも聞いてください。

沙羅：さっき同い年だと聞きました。よろしくお願いします。

ノア：さあ、新しい仲間も入ったから、皆で力を合わせてこの難局を乗り越えよう。

2-1-3

1 不安▸シーン23

ホテルで働きはじめて数日後、ユナがホテルの経営状況が
思わしくないことを教えてくれました。

ユナ：사장님은 말씀 안 하셨지만,
지금 호텔 상황이 많이 안 좋아.

沙羅：올해 들어서 손님이 많이 줄었다는
얘긴 들었어.

ユナ：응, 거기다 거래처인 여행사도
계약을 끊어 버렸어.
소문으로는 우리 호텔, 위험하다고 해.

沙羅：위험하다니 무슨 뜻이야?

ユナ：에스엠상사가 인수한다는 말이 있어.

単語と語句 단어랑 어구

상황〔状況〕：状況　줄다：減る　거기다：それに、そのうえに
거래처〔去来処〕：取引先　여행사〔旅行社〕：旅行会社　계약〔契約〕：契約
끊다：切る　위험하다〔危険하다〕：危険だ　뜻：意味
에스엠상사〔SM商事〕：SM商事（会社名）　인수하다〔引受하다〕：買収する

覚えておきたい表現

계약을 끊어 버렸어.

契約を切っちゃったの。

動作が完了した状態や、期待とは異なる結果になるときなどに、動詞の語幹に「아/어 버리다（〜てしまう）」をつけて言います。ここでは「끊다（切る）」に「어 버리다」がついて「끊어 버리다（切ってしまう）」となっています。

A：그 회사 어떻게 됐을까?

B：다른 회사에 인수돼 버렸대.

A：あの会社どうなったかなあ？

B：ほかの会社に買収されちゃったんだって。

単語

다른：ほかの、別の　　인수되다〔引受되다〕：買収される

ユナ：社長は話されなかったけど、今ホテルの状況とてもよくないの。

沙羅：今年になってお客さんがずいぶん減ったという話は聞いたわ。

ユナ：うん、それに取引先の旅行会社も契約を切っちゃったの。
うわさでは、うちのホテル、危ないということよ。

沙羅：危ないってどういうことなの？

ユナ：SM商事が買収するという話があるの。

2-1-4

1 不安 ▶シーン 24

ある日、ノアの弟がアメリカから帰国するという
噂を耳にした沙羅は、ユナに尋ねました。

沙羅：사장님의 남동생이 온다면서?

ユナ：딱 한 번 봤는데, 엄청 잘생겼어.

沙羅：아니, 그런 거 말고.

ユナ：미국 대학원에서 경영학을 공부하고 나서, 라스베이거스에 있는 호텔에서 일하고 있대.

沙羅：근데, 왜 온대?

ユナ：우리 호텔이 위험하니까, 사장님을 도와주러 오는 거겠지.

単語と語句 단어랑 어구

엄청：ものすごく　잘생기다：かっこいい
라스베이거스〔Las Vegas〕：ラスベガス　일하다：働く　돕다：助ける

覚えておきたい表現

공부하고 나서

学んでから

1つのことが終わって、次の動作に移るようなとき、「～してから」と言う場合は、動詞の語幹に「고 나서」をつけます。その後で、次に続く動作を言います。また、「나서」の部分を活用し、「고 난 후에（～した後で）」「고 난 다음에（～した次に）」というような形で使うこともあります。

A：숙제 하고 나서 자야 한다!

B：네, 알겠어요.

A：宿題すませてから寝るのよ！

B：はい、わかりました。

単語

숙제〔宿題〕：宿題　　자다：寝る

沙羅：社長の弟が来るんだって？

ユナ：一度だけ見たけど、ものすごくイケメンなのよ。

沙羅：もう、そんなことじゃなくて。

ユナ：アメリカの大学院で経営学を学んでから、
ラスベガスにあるホテルで働いているそうよ。

沙羅：でも、なぜ来るの？

ユナ：うちのホテルが危ないから、社長を助けに来るんでしょ。

2-1-5

1 不安▶シーン 25 記憶の扉

＊音声を聞き、登場人物の置かれた状況や気持ちを生かしながら、
空欄になっているセリフを日本語に訳してみましょう。

沙羅がノアのホテルに就職する前年

由美は、卒業を半年後に控えた娘の沙羅に、進路をたずねました。

由美：①졸업하고 나서 뭐 할 거야?

沙羅：호텔에 취직할까 생각하고 있어요.

由美：들어가고 싶은 호텔이라도 있니?

沙羅：네. 근데, ②벌써 직원 모집이 끝나 버렸어요.

由美：너 한국어도 공부하고 있으니까,

한국에서 일해 보는 건 어때?

沙羅：괜찮을까요?

③한국에서 일하려면 아직 멀었어요.

由美：엄마 친구가 한국에서 호텔을 경영하고 있어.

④이래 봬도 엄마 친구 많다.

네가 일하고 싶다면 한번 물어볼게.

単語と語句　단어랑 어구

졸업하다〔卒業하다〕:**卒業する**	직원〔職員〕:**職員**	모집〔募集〕:**募集**
들어가다:**入って行く**	물어보다:**たずねてみる**	

由美：①＿＿＿＿＿＿＿＿＿＿＿＿＿＿＿＿＿＿＿＿＿＿＿＿

沙羅：ホテルに就職しようかなって思っているの。

由美：就職したいホテルでもあるの？

沙羅：うん。でも、②＿＿＿＿＿＿＿＿＿＿＿＿＿＿＿＿＿＿＿＿

由美：あなた、韓国語も勉強してるから、

韓国で働いてみるのはどう？

沙羅：大丈夫かなあ？

③＿＿＿＿＿＿＿＿＿＿＿＿＿＿＿＿＿＿＿＿＿＿＿＿

由美：お母さんの友達が韓国でホテルを経営しているの。

④＿＿＿＿＿＿＿＿＿＿＿＿＿＿＿＿＿＿＿＿＿＿＿＿

あなたが働きたいなら一度たずねてみるわ。

1 リスニングに挑戦５〈インタビュー番組１〉
인터뷰 방송１

1 音声を聞いて、次の質問に答えましょう。

① 누구의 노력으로 재기에 성공했습니까?

② 회사의 이름은 무엇입니까?

③ 사장은 그 당시에 어느 부에 있었습니까?

④ 어떤 회사의 인수에 전력을 기울이고 있습니까?

① 誰の努力で再起に成功しましたか。
② 会社の名前は何ですか。
③ 社長はその当時、何部にいましたか。
④ どんな会社の買収に、全力で取り組んでいますか。

2 音声を聞いて、空欄に語句を入れましょう。

司会者：오늘은, 경제 불황으로 다른 회사에 (①) (②) 뻔했지만 사원들의 노력으로 재기에 성공한 에스엠상사의 이야기입니다. 당시 국제부에 계셨고 지금은 사장이신 박철수 씨가 나와 주셨습니다.

社長　：재기에는 성공했지만, 좋은 남편이 되려면 (③) (④). 그 당시에 신혼이었는데도 밤 늦게까지 일했으니까요. (⑤) (⑥) 애처가인데 말이죠.

司会者：그때 얻은 노하우로 지금은 다른 회사를 인수해서 살리고 계시죠.

社長　：네, 지금은 한 호텔 인수에 전력을 기울이고 있어요.

司会者：그럼, VTR을 (⑦) (⑧) 좀 더 이야기를 듣기로 하죠.

単語

경제 불황〔経済不況〕：経済不況　재기〔再起〕：再起
성공하다〔成功하다〕：成功する　당시〔当時〕：当時　늦게까지：遅くまで
얻다：得る　노하우〔knowhow〕：ノウハウ　살리다：生き返らせる

解答

シーン25　記憶の扉　p.74

〈日本語訳例〉

① 졸업하고 나서 뭐 할 거야?
卒業した後、何するの？

② 벌써 직원 모집이 끝나 버렸어요.
もう職員の募集が終わっちゃったの。

③ 한국에서 일하려면 아직 멀었어요.
韓国で働くにはまだまだなの。

④ 이래 봬도 엄마 친구 많다.
こう見えてもお母さん友達が多いのよ。

リスニングに挑戦5　p.76

1　①사원들 (社員たち)　②에스엠상사 (SM商事)
③국제부 (国際部)　④호텔 (ホテル)

2　①인수돼　②버릴　③아직　④멀었습니다　⑤이래
⑥봬도　⑦보고　⑧나서

日本語訳

司会者：今日は、経済不況でほかの会社に買収されてしまうところでしたが、社員たちの努力で再起に成功したSM商事のストーリーです。当時、国際部にいらっしゃり、現在は社長のパク・チョルスさんにお越しいただきました。

社長　：再起には成功しましたが、よい夫になるにはまだまだです。あの当時は新婚でしたが、夜遅くまで働いていましたから。こう見えても愛妻家なのにですよ。

司会者：そのとき得たノウハウで、今は他の会社を買収して再生させているんですよね。

社長　：はい、今はあるホテルの買収に全力を傾けています。

司会者：では、VTRを見てから、もう少しお話をお聞きすることにしましょう。

第Ⅱ部
ホテリエ誕生

2 危機

2-2-1

2 危機▸シーン26

月曜日、沙羅がホテルに出勤すると、
アメリカから帰国したばかりのシウがいました。

シウ：당신이 사라 씨군요. 이번에 새로 지배인이 된 한시우입니다.

沙羅：안녕하세요? 처음 뵙겠습니다.

シウ：저, 우연히 사라 씨의 어머니를 만난 적이 있어요.

沙羅：저도 어머니한테서 들었어요.

シウ：그래서 그런지, 처음 만나는 분 같지 않네요. 같이 열심히 해 봐요.

沙羅：여러 가지 많이 가르쳐 주세요.

単語と語句 단어랑 어구

당신〔当身〕：あなた　새로：新たに　지배인〔支配人〕：支配人
우연히〔偶然히〕：偶然に　열심히〔熱心히〕：一生懸命に、熱心に
가르치다：教える

覚えておきたい表現

그래서 그런지

そのせいか

不確かながらも前に述べたことが理由だと思われるとき、「そのせいか」「そうだからなのか」と続けて結果や意見を述べる表現です。同じような表現に「그래서인지（それでなのか、そのためか）」があります。

A：그 프로, 시청률이 무지무지하게 낮대.

B：그래서 그런지, 이번 달에 끝난대.

A：その番組、視聴率ものすごく低いそうだよ。

B：そのせいか、今月で終わるんだって。

単語

프로:番組　시청률〔視聴率〕:視聴率　무지무지하게:ものすごく
낮다:低い　이번 달〔이番 달〕:今月

シウ：あなたが沙羅さんですね。今回新たに支配人になったハン・シウです。

沙羅：こんにちは。はじめまして。

シウ：僕、偶然、沙羅さんのお母さんに会ったことがあるんですよ。

沙羅：私も母から聞きました。

シウ：そのせいか、初めて会った人のような気がしませんね。
いっしょに頑張りましょう。

沙羅：いろいろ教えてください。

2-2-2

2 危機▶シーン 27

ノアとシウは、
ホテルの状況について話し合っています。

シウ：거래처가 계약을 파기한 영향이 컸군요.

ノア：그 회사의 손님이 꽤 많았으니까.

シウ：획기적인 개혁이 필요하겠어요.

ノア：수익을 현재의 1.5배로 올리지 않으면 은행에서 새로운 이사가 온다고 해.

シウ：그 정도로 심각해요?

ノア：음, 한마디로 말해서, 종업원들 월급 주기도 어려운 형편이야.

単語と語句 단어랑 어구

파기하다〔破棄하다〕：破棄する　획기적〔画期的〕：画期的
개혁〔改革〕：改革　수익〔収益〕：収益　배〔倍〕：倍　올리다：上げる
새롭다：新しい　종업원〔従業員〕：従業員　월급〔月給〕：月給、給料
형편〔形便〕：状況、具合

覚えておきたい表現

한마디로 말해서

ひと言で言って

何かを短く説明したり、簡潔にたとえたりするときの「ひと言で言って〜」という表現です。「말해서」の部分を活用することで、「한마디로 말하면（ひと言で言うと）」などのように、多様な表現が可能になります。

A : 그 드라마, 지금 전 세계에서 방영되고 있다고 해.

B : 한마디로 말해서, 한국의 문화 홍보 대사예요.

A : そのドラマ、今、全世界で放映されているというわ。
B : ひと言で言って、韓国の文化広報大使ですよ。

単語

전 세계〔全 世界〕: 全世界　방영되다〔放映되다〕: 放映される
문화〔文化〕: 文化　홍보〔弘報〕: 広報　대사〔大使〕: 大使

シウ : 取引先が契約を破棄した影響は大きかったですね。
ノア : あの会社の客が相当多かったからね。
シウ : 画期的な改革が必要でしょう。
ノア : 収益を現在の1.5倍に上げないと、銀行から新たな理事が来るそうだ。
シウ : そんなに深刻なんですか。
ノア : うむ、ひと言で言って、従業員の給料の支払いも難しい状況なんだ。

2-2-3

2 危機▶シーン 28

ユナは、ほかの従業員から債権者がホテルに
泊まっているということを聞きつけて、沙羅に話しました。

ユナ：지금 채권자가 스위트룸에 묵고 있대.

沙羅：에이, 그럴 리가.

ユナ：왜, 그때 수영장에서 빠졌던 사람.

沙羅：아아, 저번에 응급차 왔을 때?

ユナ：응, 지배인님의 인공호흡으로 살아났잖아.

沙羅：그걸로 지배인님 평판이 좋아졌지.

ユナ：아…, 내가 물에 빠져도 인공호흡 해 주실까?

単語と語句 단어랑 어구

채권자〔債權者〕：債権者　묵다：泊まる　수영장〔水泳場〕：プール
빠지다：溺れる　응급차〔応急車〕：救急車　인공호흡〔人工呼吸〕：人工呼吸
살아나다：生き返る、助かる　평판〔評判〕：評判

覚えておきたい表現

그럴 리가

そんなはずが

信じられないようなものを見たり、聞いたりしたときに、「そんなはずがないと思う」という意味で使う表現です。もとの形は「그럴 리가 없다（そんなはずがない）」なので、「없다（ない）」をつけて使うこともあります。

A：네 여자친구 아까
다른 남자랑 같이 있더라.

B：그럴 리가 없어. 그럴 리가 없다고!

A：おまえの彼女、さっきほかの男性といっしょにいたよ。
B：そんなはずがない。そんなはずがないってば！

単語

네：君の、お前の

ユナ：今、債権者がスイートルームに泊まっているそうよ。
沙羅：またあ、そんなはずが。
ユナ：何よ、あのときプールで溺れちゃった人よ。
沙羅：ああ、この前、救急車が来たとき？
ユナ：うん、支配人の人工呼吸で助かったじゃない。
沙羅：あれで支配人の評判がよくなったわよね。
ユナ：あ……、私が溺れても人工呼吸してもらえるかなあ？

2-2-4

2 危機▶シーン 29

沙羅は、日本で韓国のアイドルグループが
爆発的な人気を博していることを聞き、ノアに提案しました。

ノア：일본에서 한국 아이돌이 인기 있대.

沙羅：네, 케이팝이라고 해서
사회적 현상이 되고 있는 것 같아요.

ノア：내가 일본에 있었을 때를 생각하면
상상도 못 하겠는데.

沙羅：이걸 이용해서 관광객을 유치하면
어떨까요?

ノア：잘될까?

単語と語句 단어랑 어구

사회적 현상〔社会的 現象〕：社会現象　이용하다〔利用하다〕：利用する
관광객〔観光客〕：観光客　유치하다〔誘致하다〕：誘致する
잘되다：うまくいく

覚えておきたい表現

있는 것 같아요.

いるようですよ。

動詞や形容詞などの連体形の後に「것 같다」をつけると、「〜ようだ」と推測やたとえを表します。未来連体形、過去連体形につけて、「〜するようだ」「〜したようだ」と言うこともできます。ここでは存在詞「있다（いる）」の連体形についています。

A：너무 피곤해서 쓰러질 것 같아요.

B：좀 쉬어. 몸 생각도 해야지.

A：とても疲れて倒れそうだわ。

B：ちょっと休んだら。体のことも考えなきゃ。

単語

피곤하다〔疲困하다〕：疲れる、疲れている　쓰러지다：倒れる

ノア：日本で韓国のアイドルが人気があるそうだね。

沙羅：ええ、K-POPといって社会現象になっているようですよ。

ノア：僕が日本にいたときを思うと想像もできないけど。

沙羅：これを利用して観光客を誘致したらいかがでしょうか。

ノア：うまくいくかなあ。

2-2-5

2 危機▶シーン30 記憶の扉

＊音声を聞き、登場人物の置かれた状況や気持ちを生かしながら、
空欄になっているセリフを日本語に訳してみましょう。

沙羅がプサンのホテルに就職して半年後

沙羅は、久しぶりに日本にいる母の由美に電話しています。

由美：노아는 어때?

沙羅：저한테 정말 잘해 주세요.
①한마디로 신사예요.

由美：다행이다. 요즘 여기서는 한국 아이돌이 인기야. 케이보이즈는 일본 드라마의 주제곡도 불렀어.

沙羅：그 그룹은 부산 출신이고 우리 호텔에서도 뮤직 비디오를 촬영했어요.

由美：②그래서 그런지 모두 부산에 가고 싶어하더라.

沙羅：그래요? 잘됐다! 그런데 엄마, 저…
③좋아하는 사람이 생긴 것 같아요.

由美：설마 노아는 아니겠지?

沙羅：④…그, 그럴 리가요….

単語と語句　단어랑 어구

신사〔紳士〕: 紳士　　주제곡〔主題曲〕: 主題歌
뮤직 비디오〔music video〕: ミュージックビデオ
촬영하다〔撮影하다〕: 撮影する　　모두: 皆、すべて　　설마: まさか

由美：ノアはどう？

沙羅：私にとてもよくしてくれるわ。

①＿＿＿＿＿＿＿＿＿＿＿＿＿＿＿＿＿＿＿＿

由美：よかった。今、こっちでは韓国のアイドルが人気よ。

K-Boysは日本のドラマの主題歌も歌ったわよ。

沙羅：そのグループはプサン出身で、うちのホテルでも

ミュージックビデオを撮影したのよ。

由美：②＿＿＿＿＿＿＿＿＿＿＿＿＿＿＿＿＿＿＿＿

沙羅：そう？ やったあ！ ところで、お母さん、私……

③＿＿＿＿＿＿＿＿＿＿＿＿＿＿＿＿＿＿＿＿

由美：まさかノアじゃないわよね？

沙羅：④＿＿＿＿＿＿＿＿＿＿＿＿＿＿＿＿＿＿＿＿

2 リスニングに挑戦6 〈芸能ニュース〉

연예 뉴스

1 音声を聞いて、次の質問に答えましょう。

① 어떤 사람들이 케이보이즈를 보러 일본에서 오고 있습니까?

② 케이보이즈는 지난주에 어디에 갔습니까?

③ 공항에 케이보이즈의 팬들은 몇 명 정도 왔습니까?

④ 케이보이즈는 일본을 언제 방문했습니까?

① どんな人たちがK-Boysを見に日本から来ていますか。
② K-Boysは先週どこへ行きましたか。
③ 空港に、K-Boysのファンは何人くらい来ましたか。
④ K-Boysは、日本をいつ訪問しましたか。

2 音声を聞いて、空欄に語句を入れましょう。

キャスター：작년에 많은 인기를 끌었던 케이보이즈가 일본에 진출하자마자, 일본에서도 맹활약 중입니다. (①　　　　　) (②　　　　　) 일본 관광객이 많이 는 거 같아요.

コメンテーター：일본 여고생들이 그들의 콘서트를 보러 한국에 오는 현상까지 일어나고 있습니다. 지난주 케이보이즈가 삿포로를 방문했을 땐 이백 명이나 공항에 몰려들었다고 하죠.

キャスター：네, 그들은 (③　　　　　) (④　　　　　) 한국의 문화 홍보 대사라고 할 수 있겠군요.

コメンテーター：제가 공항에 갔을 때는 아무도 없었던 (⑤　　　) (⑥　　　　　)….

キャスター：(⑦　　　　) (⑧　　　　　). 공항 직원들은 있었겠죠.

単語

연예〔演芸〕:芸能	인기를 끌다:人気を集める	늘다:増える
맡다:担当する	몰려들었다:押し寄せた	

解答

シーン30 記憶の扉 p.88

〈日本語訳例〉

① 한마디로 신사예요.
ひと言で言って紳士よ。

② 그래서 그런지 모두 부산에 가고 싶어하더라.
そのせいか、皆プサンに行きたがっていたわ。

③ 좋아하는 사람이 생긴 것 같아요.
好きな人ができたみたい。

④ …그, 그럴 리가요….
そ……そんなわけ……。

リスニングに挑戦6 p.90

1 ①일본 여고생（日本の女子高生） ②삿포로（札幌）
③이 백명（200人） ④지난주（先週）

2 ①그래서 ②그런지 ③한마디로 ④말해서 ⑤것
⑥같은데 ⑦그럴 ⑧리가요

日本語訳

キャスター：昨年大変な人気を博したK-Boysが、日本に進出するなり、大活躍中です。そのせいか日本の観光客がとても増えたようです。

コメンテーター：日本の女子高生が彼らのコンサートを見に韓国にやって来る現象まで起きているということです。先週、K-Boysが札幌を訪問したときは、200人も空港に押し寄せたそうですよ。

キャスター：はい、彼らはひと言で言って、韓国の文化広報大使と言えるでしょうね。

コメンテーター：私が空港に行ったときには誰もいなかったようですが……。

キャスター：そんなはずがないでしょう。空港職員たちはいたと思いますよ。

第Ⅱ部

ホテリエ誕生

3 挑戦

シーン31 살아남을 수 있을지도 몰라요.
生き残れるかもしれません。

シーン32 써서라도
使ってでも

シーン33 상의해 보니
相談してみたら

シーン34 이왕이면
どうせなら

シーン35 記憶の扉 由美とノアが大学４年生のとき

リスニングに挑戦７ 현장 리포트２〈ローカルリポート２〉

2-3-1

3 挑戦▶シーン31

シウと沙羅は、K-POPファン誘致の
企画を検討しています。

沙羅：뮤직 비디오 촬영지 투어도 괜찮겠네요.

シウ：이 호텔에서도 일부 촬영을 했으니까, 거기서 기념 촬영을 하죠.

沙羅：호텔에서 팬미팅을 하는 게 어떨까요?

シウ：레스토랑에서 케이팝 메뉴를 만드는 것도 괜찮겠군요.

沙羅：멤버들의 얼굴을 초콜릿으로 그린 아이스크림도 만들어요.

シウ：이게 성공한다면, 우리 호텔도 살아남을 수 있을지도 몰라요.

単語と語句 단어랑 어구

투어〔tour〕：ツアー　메뉴〔menu〕：メニュー　멤버〔member〕：メンバー
초콜릿〔chocolate〕：チョコレート
아이스크림〔ice cream〕：アイスクリーム　살아남다：生き残る

覚えておきたい表現

살아남을 수 있을지도 몰라요.

生き残れるかもしれません。

動詞や形容詞などの語幹に「ㄹ지도 모르다」をつけると、「〜かもしれない」「〜かわからない」という表現になります。「ㄹ지 모르다」と、「도」がなくても使えます。語幹にパッチムがあれば「을」となります。ここでは「살아남을 수 있다（生き残ることができる）」の「있다」の語幹についています。

A：나 이번 여행 못 갈지도 몰라.

B：갑자기 왜?

A：私、今度の旅行、行けないかもしれないわ。

B：急に、どうしたの？

単語

갑자기：急に、突然

沙羅：ミュージックビデオのロケ地ツアーもよさそうですね。
シウ：このホテルでも一部撮影しているから、そこで記念撮影しましょう。
沙羅：ホテルでファンミーティングをするのはいかがでしょうか。
シウ：レストランでK-POPメニューを作るのもいいですね。
沙羅：メンバーの顔をチョコレートで描いたアイスクリームも作りましょう。
シウ：これが成功すれば、うちのホテルも生き残れるかもしれません。

2-3-2

3 挑戦▶シーン32

シウと沙羅は、ノアに計画中のプランを
説明しましたが、反応は微妙です。

ノア：이 케이팝 붐이 언제까지 계속될지가 걱정이야.

沙羅：네, 그렇지만 지금은 어떤 방법을 써서라도 손님을 끌어모으지 않으면 안돼요.

ノア：외국에서 오는 관광객이 부산까지 올까?

シウ：하지만 사장님, 다시는 이런 기회가 없을지도 몰라요.

沙羅：아, 일본이나 중국의 전세기를 가까운 공항에 오게 하면 되잖아요.

単語と語句 단어랑 어구

계속되다〔継続되다〕：続く　걱정：心配　끌어모으다：引き寄せる
기회〔機会〕：機会、チャンス　전세기〔専貰機〕：チャーター便

覚えておきたい表現

써서라도

使ってでも

この表現は「쓰다（使う）」に「서라도」がついています。このように「〜してでも」と表現する場合、動詞の語幹に「아/어서라도」をつけます。

A：어떻게 해서라도 이 일은 꼭 성공시키고 싶습니다.

B：그래, 열심히 해 보게.

A：何としてでも、この仕事を必ず成功させたいです。

B：そうか、頑張ってやってみたまえ。

単語

성공시키다〔成功시키다〕：成功させる

ノア：このK-POPブームがいつまで続くかが心配だ。

沙羅：ええ、でも今はどんな方法を使ってでも、お客さんを集めなければなりません。

ノア：外国から来る観光客がプサンまで来るだろうか。

シウ：でも、社長、二度とこんなチャンスはないかもしれないですよ。

沙羅：あ、日本や中国のチャーター便を、近くの空港に来るようにすればいいじゃないですか。

2-3-3

3 挑戦▶シーン33

沙羅とシウは、ノアを交え、連日のように
新たな企画の実現に向けて話を進めています。

ノア：관계당국에 알아보니까,
김해공항은 전세기도 가능하대.

シウ：부산시에 상의해 보니,
협력해 준다고 합니다.

沙羅：잘됐네요.

ノア：그럼, 사라 씨는 일본 여행사와
교섭해 봐.

沙羅：네, 우리 호텔에서 케이보이즈
팬미팅 개최도 검토해 볼게요.

単語と語句 단어랑 어구

관계당국〔関係当局〕：関係当局　알아보다：調べる、確かめる
김해공항〔金海空港〕：キメ空港　상의하다〔相議하다〕：相談する
협력하다〔協力하다〕：協力する　교섭하다〔交渉하다〕：交渉する
개최〔開催〕：開催　검토하다〔検討하다〕：検討する

覚えておきたい表現

상의해 보니

相談してみたら

「～してみたら」「～してみたところ」と言うときは、動詞の語幹に「아/어 보니」をつけます。後には、その行動をしたことによる結果や、自分の意見が続くことが多いです。「보니」が「보니까」となっても、意味はほとんど変わりません。「어떻다（どうだ）」が後ろについて、「（～してみて）どうですか」とたずねることもできます。

A：호텔에서 일해 보니 어떠세요?

B：생각보다 훨씬 재미있어요.

A：ホテルで働いてみて、いかがですか。

B：思ったよりもずっとおもしろいです。

単語

생각보다：考えたより、思ったより　훨씬：ずっと、はるかに
재미있다：おもしろい

ノア：関係当局に聞いてみたら、キメ空港はチャーター便も可能だそうだ。

シウ：プサン市に相談してみたら、協力してくれるそうです。

沙羅：それはよかった。

ノア：では、沙羅さんは日本の旅行会社と交渉してみてくれ。

沙羅：はい、うちのホテルでK-Boysのファンミーティング開催も検討してみます。

2-3-4

3 挑戦▶シーン34

沙羅の企画は成功し、日本からK-POPファンが
ホテルを訪れるようになりました。
ノアは、沙羅にお礼のバラを送りました。

沙羅：장미 꽃다발, 감사합니다.

ノア：아니야, 고마워할 사람은 나야.

沙羅：장미가 100송이나 됐어요.

이왕이면 직접 받고 싶었는데….

ノア：미안, 꽃가루 알레르기가 있어.

근데 이렇게 많은 일본인이

부산에 오다니…. 정말 고마워.

沙羅：사장님이 기뻐하셔서 다행이에요.

ノア：웃는 얼굴도 엄마랑 똑같구나.

単語と語句　단어랑 어구

장미〔薔薇〕:バラ　꽃다발:花束　송이: ～本、～輪　꽃가루:花粉
알레르기〔allergie〕:アレルギー　기뻐하다:喜ぶ　다행〔多幸〕:幸い
똑같다:同じだ、そっくりだ

覚えておきたい表現

이왕이면

どうせなら

結果が同じであれば、というニュアンスで、「どうせなら」と新たな考えを言うとき、「이왕〔已往〕이면」と言います。「기왕〔既往〕이면」と言うこともありますが、意味はほとんど変わりません。

A：카메라 새로 산 기념으로 사진 한번 찍어 보자.

B：이왕이면 예쁘게 찍어 줘요.

A：カメラを新しく買った記念に、一度写真を撮ってみようよ。
B：どうせならかわいく撮ってね。

単語

찍다:（写真を）撮る　예쁘게:かわいく

沙羅：バラの花束、ありがとうございます。
ノア：いや、お礼を言うのは僕だよ。
沙羅：バラが100本もありました。
どうせなら直接もらいたかったのですが……。
ノア：ごめん、花粉アレルギーなんだ。
ところで、こんなに多くの日本人がプサンに来るなんて……。
本当にありがとう。
沙羅：社長に喜んでいただけて幸いです。
ノア：笑顔もお母さんにそっくりだね。

2-3-5

3 挑戦▸シーン35 記憶の扉

＊音声を聞き、登場人物の置かれた状況や気持ちを生かしながら、
空欄になっているセリフを日本語に訳してみましょう。

由美とノアが大学4年生のとき

卒業式の1か月前、ノアは、由美の誕生日にバラの花をプレゼントしました。

由美：와아, 장미네. 고마워.

ノア：다섯 송이밖에 안 되는데 뭘.

①이왕이면 많이 주고 싶었는데.

由美：괜찮아. 너무 기뻐.

②장미를 받아 보니 왜 여자들이 애인한테서
꽃을 받고 싶어하는지 알 거 같아.

ノア：에이취!

由美：왜 그래?

ノア：나 사실 꽃가루 알레르기야.

由美：다음 주 밸런타인데이 땐 내가 만든
초콜릿을 줄게.

ノア：정말? 나도 언젠가 꼭 장미 100송이를 줄게.

由美：언젠가가 언제야?

③다시는 못 만날지도 모르잖아.

ノア：걱정 마. ④무슨 수를 써서라도 꼭 줄게.

単語と語句 단어랑 어구

애인〔愛人〕:恋人　　에이취:ハクション（くしゃみの音）
밸런타인데이:バレンタインデー

由美：わあ、バラね。ありがとう。

ノア：５本しかないのに何をそんな。

①＿＿＿＿＿＿＿＿＿＿

由美：いいのよ。とってもうれしいわ。

②＿＿＿＿＿＿＿＿＿＿

＿＿＿＿＿＿＿＿＿＿

ノア：ハクション！

由美：どうしたの？

ノア：僕、実は花粉アレルギーなんだ。

由美：来週バレンタインデーのときには、私が作ったチョコレートをあげるわ。

ノア：本当？ 僕もいつか、きっと100本のバラをあげるよ。

由美：いつかって、いつのことなのよ？

③＿＿＿＿＿＿＿＿＿＿

ノア：心配するなよ。④＿＿＿＿＿＿＿＿＿＿

3 リスニングに挑戦７〈ローカルリポート２〉
현장 리포트2

1 音声を聞いて、次の質問に答えましょう。

① 하 리포터는 지금 어디에 가 있습니까?

② 일본인은 하루에 몇 명 정도 옵니까?

③ 이 호텔은 뮤직 비디오의 어느 부분에 나왔습니까?

④ 멤버의 한 사람이 키스를 한 곳은 어딥니까?

① ハ・リポーターは、今どこに行っていますか。
② 日本人は、1日に何人くらい来ますか。
③ このホテルは、ミュージックビデオのどの部分に出てきましたか。
④ メンバーの1人がキスをした場所はどこですか。

2 音声を聞いて、空欄に語句を入れましょう。

スタジオ：오늘은 하 리포터가 케이보이즈의 뮤직 비디오가 촬영됐던 부산의 한 호텔에 가 있습니다.

ハ　　：이 분이 사장님이십니다. 매일 몇 명쯤 이곳에 오나요?

ノア　：일본인만（①　　　　）（②　　　　）하루에 열 명 정도 오는데, 오늘은 주말이라 더 많이（③　　　　）（④　　　　）.

ハ　　：이 호텔은 뮤직 비디오의 어떤 장면에 나왔나요?

ノア　：맨 처음 부분이에요. 이 소파에서 멤버 중 한 명이 여자 모델하고 키스를 했죠. 여기서 기념 촬영이라도 하고 가세요.

ハ　　：네,（⑤　　　　）전 인스타용으로 이 소파에서 찍고 싶네요. 아무나 데리고（⑥　　　　）같이 찍어야겠어요.

単語

세다:数える　하루:1日　주말〔週末〕:週末　장면〔場面〕:場面
인스타:インスタ（인스타그램、インスタグラムの略）　소파〔sofa〕:ソファ
아무나:誰でも　데리고:連れて

解答

シーン35　記憶の扉　p.102

〈日本語訳例〉

① 이왕이면 많이 주고 싶었는데.
どうせなら、たくさんあげたかったんだけど。

② 장미를 받아 보니 왜 여자들이 애인한테서 꽃을 받고 싶어하는지 알 거 같아.
バラをもらってみて、なぜ女の子が恋人からバラをもらいたがるのか、わかる気がする。

③ 다시는 못 만날지도 모르잖아.
もう二度と会えないかもしれないじゃない。

④ 무슨 수를 써서라도 꼭 줄게.
何としてでも必ずあげるから。

リスニングに挑戦7　p.104

1 ①부산의 한 호텔（プサンのあるホテル）　②열 명（10人）
③맨 처음 부분（いちばんはじめの部分）　④소파（ソファ）

2 ①세어　②보니　③올지도　④모르겠네요　⑤이왕이면
⑥와서라도

日本語訳

スタジオ：今日はハ・リポーターが、K-Boysのミュージックビデオが撮影されたプサンのあるホテルに行っています。

ハ　　：こちらの方が社長さんです。毎日何人くらいここに来ますか。

ノア　：日本人だけ数えてみたところ、1日に10人くらい来ますが、今日は週末なので、もっと来るかもしれません。

ハ　　：このホテルはミュージックビデオのどの場面に出たのでしょう。

ノア　：いちばんはじめの部分です。そのソファでメンバーの1人が女性モデルとキスしたんですよ。ここで記念撮影でもしていってください。

ハ　　：はい、どうせなら、私、インスタ用にこのソファで撮りたいんですよ。どんな人を連れてきてでも一緒に撮らなきゃ。

第Ⅱ部
ホテリエ誕生

4 旅立ち

シーン36 사라 씨 덕분에
沙羅さんのおかげで

シーン37 심각해 보이시는데
深刻そうですけど

シーン38 좀처럼 없다고.
めったにないわよ。

シーン39 사장님 못지않은
社長に負けない

シーン40 記憶の扉 インチョンリゾートが開業する半年前

リスニングに挑戦8 인터뷰 방송2 〈インタビュー番組2〉

2-4-1

4 旅立ち▶シーン36

ロケ地にもなったホテルには、日本から
多くのK-POPファンが来るようになりました。

ノア：사라 씨 덕분에, 인수 이야기는 없던 걸로 됐어.

沙羅：저도 계속 사장님을 도와 드릴 수 있어서 기뻐요.

ノア：그 후로 수익이 아주 많이 올랐어.

沙羅：운도 좋았어요.
아, 이거 지난번 장미의 답례예요.

ノア：고마워.

沙羅：입에 맞으실지 모르겠네요.

ノア：어, 내가 초콜릿 좋아한다고 말했었나?

単語と語句 단어랑 어구

계속〔継続〕:続けて、ずっと　도와 드리다:助けて差し上げる
오르다:上がる　운〔運〕:運　답례〔答礼〕:お礼、お返し
입에 맞다:口に合う

覚えておきたい表現

사라 씨 덕분에

沙羅さんのおかげで

名詞の後に「덕분에」を続けると「～のおかげで」という表現になります。「～のおかげです。」と言うのであれば、「덕분입니다.」とします。また、動詞の連体形について「～（する／した）おかげで」と言うこともできます。

A：이번 발표 정말 잘했어요.

B：감사합니다. 다 저희 동료들 덕분이에요.

A：今回の発表はとてもよかったですよ。

B：ありがとうございます。すべて私の同僚のおかげです。

単語

발표〔発表〕:発表　동료〔同僚〕:同僚

ノア：沙羅さんのおかげで、買収の話はなかったことになったよ。

沙羅：私も今までどおり社長のお手伝いができてうれしいです。

ノア：あれ以来、収益がとても上がったよ。

沙羅：運もよかったです。

そうだ、これ、この間のバラのお礼です。

ノア：ありがとう。

沙羅：お口に合うかどうかわかりませんが。

ノア：あれ、僕がチョコレートを好きなこと話したっけ？

2-4-2

4 旅立ち▶シーン37

ホテルに勤務して１年近くたったある日、
沙羅は思いを寄せているノアから食事に誘われ、
レストランにやって来ました。

沙羅：무슨 일 있으세요?
좀 심각해 보이시는데….

ノア：사실은 사라 씨한테 할 얘기가 있어.

沙羅：저도 사장님이랑 이야기하고 싶었어요.

ノア：이번에 인천에 호텔을 만들려고 해.

沙羅：네? …얘기란 게 그 이야기예요?

ノア：응, 인천은 일본인 관광객도
많으니까,사라 씨가 거기서 활약해….

沙羅：노아…, 아니, 사장님은
안 가시는 거예요?

単語と語句　단어랑 어구

활약하다〔活躍하다〕: 活躍する

覚えておきたい表現

심각해 보이시는데

深刻そうですけど

「深刻そうだ」「深刻そうに見える」などのように、形容詞を伴って「～そうだ」「～く見える」と言うときは、形容詞の語幹に「아/어 보이다（～見える）」をつけます。

A：오늘 우울해 보인다. 무슨 일 있어?

B：어제 남자친구가 군대를 갔어.

A：今日、憂うつそう。何かあったの？

B：昨日彼が軍隊に行ったの。

単語

우울하다〔憂鬱하다〕：憂うつだ　어제：昨日　군대〔軍隊〕：軍隊

沙羅：どうかしたのですか。
　　　ちょっと深刻そうですけど……。
ノア：実は沙羅さんに話があるんだ。
沙羅：私も社長とお話がしたかったんです。
ノア：今度、インチョンにホテルを作ろうと思うんだ。
沙羅：え？……話ってその話ですか。
ノア：ああ、インチョンは日本人観光客も多いから、
　　　沙羅さんにはそこで活躍して……。
沙羅：ノア……いえ、社長は行かれないんですか。

2-4-3

4 旅立ち ▶ シーン38

ノアにインチョン勤務を提案された沙羅は、
ユナに相談しています。

ユナ：사장님 말이야, 좋아하는 사람이 있대.

沙羅：뭐? 정말? 누구, 누군데?

ユナ：몰라. 외국인인데,
이루어질 수 없는 사랑이래.

沙羅：나도 외국인인데….

ユナ：정신 차려. 아무튼 이렇게 큰 기회는
좀처럼 없다고.

沙羅：그렇겠지? 맞아. 나 인천에 갈래.

ユナ：자, 눈물 닦아. 내가 한잔 살게.

単語と語句 단어랑 어구

외국인〔外国人〕：外国人　이루어지다：かなう
정신 차리다：しっかりする（차리다：整える）　아무튼：とにかく　눈물：涙
닦다：ふく　한잔〔한盞〕：一杯

覚えておきたい表現

좀처럼 없다고.

めったにないわよ。

「めったに～ない」「なかなか～ない」という文は「좀처럼」を使って表現します。後ろに続く文は、ここでは「없다（ない）」ですが、動詞や形容詞の場合は否定の形で続きます。

A：일은 어때?

B：좀처럼 늘지가 않아.

A：仕事はどう？

B：なかなか上達しないわ。

単語

일：仕事	늘다：上達する

ユナ：社長なんだけど、好きな人がいるそうよ。

沙羅：何よ？ 本当？ 誰、誰なの？

ユナ：知らないわ。外国の人だけど、かなわない恋だって。

沙羅：私だって外国人なのに……。

ユナ：しっかりしなさい。いずれにしてもこんなに大きなチャンスは
めったにないわよ。

沙羅：そうよね。わかった。私、インチョンに行くわ。

ユナ：ほら涙をふいて。私が一杯ごちそうするわ。

2-4-4

4 旅立ち ▶シーン39

沙羅が、インチョン赴任を決心して、
ノアのオフィスを訪ねると、そこにはシウもいました。

沙羅：저, 인천 갈게요.

ノア：라스베이거스에서 일해 본 경험이 있는 시우가 총지배인으로 갈거야.

シウ：이번에도 쉽지는 않을 겁니다.

沙羅：인천리조트가 아시아에서 가장 훌륭한 호텔이 되도록 열심히 하겠습니다.

ノア：나도 가끔 갈게. 많이 도와줘.

沙羅：네. 사장님 못지않은 우수한 호텔리어가 될게요.

単語と語句 단어랑 어구

총지배인〔総支配人〕：総支配人　쉽다：簡単だ　인천리조트〔仁川resort〕：インチョンリゾート、ノアがインチョンに作るホテルの名前　훌륭하다：立派だ　우수하다〔優秀하다〕：優秀だ　호텔리어〔hotelier〕：ホテリエ

覚えておきたい表現

사장님 못지않은

社長に負けない

「～に負けない…」「～に劣らない…」と、何かに比べて同じ程度であることを表現する場合、名詞の後に、形容詞「못지않다」の連体形「못지않은」をつけます。また、「～に負けないように」「～に劣らないように（上手に）」と副詞として使う場合は、「못지않게」と言います。

A：결혼해서도 잘할 수 있지?

B：네. 엄마 못지않은 훌륭한 아내가 될게요.

A：結婚してもうまくやっていけるでしょ？

B：ええ。お母さんに負けない立派な妻になるわ。

単語

아내：妻

沙羅：私、インチョンに行きます。

ノア：ラスベガスで働いた経験があるシウが総支配人として行くよ。

シウ：今回も簡単ではないですよ。

沙羅：インチョンリゾートが、アジアでもっとも
優れたホテルになるように頑張ります。

ノア：僕もときどき行くよ。いろいろ助けてくれ。

沙羅：はい。社長に負けない優秀なホテリエになります。

2-4-5

4 旅立ち▶シーン40 記憶の扉

＊音声を聞き、登場人物の置かれた状況や気持ちを生かしながら、
空欄になっているセリフを日本語に訳してみましょう。

インチョンリゾートが開業する半年前

インチョンに新設するホテルへの赴任をめぐって、シウとノアが相談しています。

シウ：형, 인천리조트에 사라도 데려가고 싶습니다. ①사라 같은 일본 사람 찾기는 좀처럼 어렵지 않습니까?

ノア：여기도 사라가 필요해. 이번에 성공할 수 있었던 것도 ②다 사라 덕분이야.

シウ：사라는 형을 좋아하는 것 같아요.
하지만 형은 사라를 통해서 다른 사람을 보고 있잖아요?
③사라는 여기서 전혀 행복해 보이지 않아요.

ノア：그렇지 않아.

シウ：④저, 형 못지않게 사라를 생각하고 있어요.
진정으로 사라를 생각한다면 인천으로 보내 주세요.

単語と語句　단어랑 어구

데려가다:連れていく　사라 같은:沙羅のような
통해서〔通해서〕:通して、通じて　전혀〔全혀〕:まったく
진정으로〔眞正으로〕:本当に　보내다:送る

シウ：兄さん、インチョンリゾートに沙羅も連れていきたいんです。

①＿＿＿＿＿＿＿＿＿＿＿＿＿＿＿＿

ノア：ここでも沙羅が必要だよ。今回成功できたのも、

②＿＿＿＿＿＿＿＿＿＿＿＿＿＿＿＿

シウ：沙羅は兄さんのことを好きなようです。

だけど、兄さんは沙羅を通してほかの人を見ているじゃないですか。

③＿＿＿＿＿＿＿＿＿＿＿＿＿＿＿＿

ノア：そんなわけないだろう。

シウ：④＿＿＿＿＿＿＿＿＿＿＿＿＿＿＿＿

本当に沙羅のことを思うなら、インチョンに

行かせてあげてください。

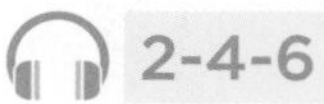

4 リスニングに挑戦８〈インタビュー番組２〉
인터뷰 방송2

1 音声を聞いて、次の質問に答えましょう。

① 사라는 누구 덕분에 매일 매일이 행복합니까?

② 한국에서 일하면서 제일 힘든 점은 무엇입니까?

③ 사라는 일본이 그리울 때 누구에게 전화를 합니까?

④ 사라에게 어머니는 어떤 존재입니까?

① 沙羅は誰のおかげで毎日毎日が幸せですか。
② 韓国で働いてもっとも大変なことは何ですか。
③ 沙羅は日本が恋しいときに誰に電話をかけますか。
④ 沙羅にとってお母さんはどんな存在ですか。

2 音声を聞いて、空欄に語句を入れましょう。

司会者：이번 주에는 한국에서 일하는 외국 분들과 이야기를 나누고 있습니다. 오늘은 부산의 호텔에서 사라 씨가 나와 주셨는데요. 한국에서 일하는 건 어떠세요?

沙羅　：같이 일하는 (①　　　　　　) (②　　　　　　) 매일 매일이 아주 행복해요.

司会者：참 (③　　　　　　) (④　　　　　　).
한국에서 일하면서 뭐가 제일 힘드세요?

沙羅　：발음이 (⑤　　　　　　) (⑥　　　　　　) (⑦　　　　　　) 그게 제일 힘들어요.

司会者：일본이 그립지 않으세요?

沙羅　：일본이 그리워질 때마다 어머니께 전화를 해요. 어머니는 저에게 라이벌 같은 존재거든요. (⑧　　　　　　) (⑨　　　　　　) 멋진 여성이 되는 게 제 꿈이에요.

単語

방송〔放送〕：放送　매일 매일〔毎日毎日〕：毎日毎日
행복하다〔幸福하다〕：幸せだ　힘들다：大変だ、つらい
그리워지다：懐かしくなる、恋しくなる　꿈：夢

解答

シーン40 記憶の扉 p.116

〈日本語訳例〉

① 사라 같은 일본 사람 찾기는 좀처럼 어렵지 않습니까?
沙羅のような日本人を見つけることは
そう簡単なことではないじゃないですか。

② 다 사라 덕분이야.
みんな沙羅のおかげだ。

③ 사라는 여기서 전혀 행복해 보이지 않아요.
沙羅はここでまったく幸せそうに見えません。

④ 저, 형 못지않게 사라를 생각하고 있어요.
僕だって、兄さんに負けないくらい沙羅のことを思っています。

リスニングに挑戦8 p.118

1 ①같이 일하는 동료들 (いっしょに働く同僚)
②발음이 좀처럼 늘지 않는 것 (発音がなかなかうまくならないこと)
③어머니 (母) ④라이벌 (ライバル)

2 ①동료들 ②덕분에 ③좋아 ④보이시네요 ⑤좀처럼
⑥늘지 ⑦않아서 ⑧어머니 ⑨못지않은

日本語訳

司会者：今週は、韓国で働く外国の方々とお話をしています。今日は、プサンのホテルから沙羅さんがお越しくださいました。韓国で働いてみていかがですか。

沙羅　：いっしょに働く同僚たちのおかげで、毎日毎日がとても幸せです。

司会者：本当に楽しそうですね。韓国で働いてみて何がもっとも大変ですか。

沙羅　：発音がなかなかうまくならなくて、それがいちばん大変です。

司会者：日本が恋しくないですか。

沙羅　：日本が恋しくなるたびに母に電話をかけます。母は、私にとってライバルのような存在なんです。母に負けない素敵な女性になるのが夢です。

第Ⅲ部
インチョンの恋

1 新天地

3-1-1

1 新天地▶シーン41

沙羅がインチョンリゾートに勤めて１年後、
社長のノアがやってきました。

ノア：1년 만이구나.

沙羅：사장님이 안 계시니까
일에 더 집중할 수 있었어요.

ノア：하하하, 그래. 그런데, 이번에 호텔
영업부를 여행사로 독립시키려고 해.

沙羅：네, 총지배인님한테서 얘기는
들었어요.

ノア：사라도 거기서 활약해 줬으면
좋겠는데.

沙羅：네? 저도요?

単語と語句 단어랑 어구

더：さらに　집중하다〔集中하다〕：集中する　영업부〔営業部〕：営業部

覚えておきたい表現

독립시키려고 해.

独立させようと思うんだ。

「시키다（させる）」は使役の表現です。「독립하다（独立する）」のように「하다」がつく動詞で、「독립을（独立を）」「하다（する）」と分けることのできる動詞の多くは、「하다」を「시키다」に変えて、「〜させる」という使役の動詞にすることができます。ここでは、「독립시키다（独立させる）」の語幹に、「려고 하다（〜しようと思う）」という意志の表現がついています。

A：하와이는 정말 지상 낙원 같아.

B：그렇죠? 그러니까 우리 애를 하와이에 있는 학교에 입학시키는 건 어때요?

A：ハワイは本当に地上の楽園みたいだ。

B：そうでしょう。だからうちの子をハワイにある学校に入学させるのはどうかしら。

単語

하와이:ハワイ　지상〔地上〕:地上　낙원〔楽園〕:楽園
입학시키다〔入学시키다〕:入学させる

ノア：1年ぶりだね。

沙羅：社長がいらっしゃらないから、仕事にさらに集中できました。

ノア：ハハハ、そう。ところで、今回ホテルの営業部を
旅行会社として独立させようと思うんだ。

沙羅：はい、総支配人からお話は聞きました。

ノア：沙羅もそこで活躍してくれたらいいんだが。

沙羅：ええ？ 私もですか？

3-1-2

1 新天地▶シーン42

かつてシウは、韓国人が経営するラスベガスのホテルで働いていました。そのホテルの御曹司がインチョンリゾートで働くことになりました。

ノア：시우는 인호 알지?

シウ：네, 미국에서 친하게 지냈어요.

ノア：이번에 인호가 연수 삼아
우리 호텔에서 일하기로 했어.

シウ：그래요? 인호는 정말 훌륭한
인재예요.

ノア：그래서 사라 씨의 파트너로
여행사에서 일을 시켜 보려고 하는데,
어때?

沙羅：네, 힘을 합쳐서 열심히
해 보겠습니다.

単語と語句 단어랑 어구

인호：イノ（人名） 친하게〔親하게〕：親しく 인재〔人材〕：人材
파트너〔partner〕：パートナー

覚えておきたい表現

연수 삼아

研修として

「삼다（みなす）」という動詞を、「삼아」という形にして、名詞の後につけ、「～として」という意味で使います。「삼아서」と、「서」をつけることもありますが、意味はほとんど変わりません。また、名詞に「（으）로 삼다」とつけると、「～とみなす」という意味になります。

A：닭한마리 맛있나?
난 아직 먹어 본 적 없는데.
B：그럼, 시험 삼아 한번 먹어 봐.

A：タッカンマリっておいしいの？　私まだ食べたことないんだけど。
B：じゃあ、試しに一度食べてみたら。

単語

닭한마리：タッカンマリ　　시험〔試験〕：試験

ノア：シウはイノを知っているよね。
シウ：はい、アメリカで親しくつきあっていました。
ノア：今度イノが研修として、うちのホテルで働くことになった。
シウ：そうですか。イノは本当に優秀な人材ですよ。
ノア：そこで、沙羅さんのパートナーとして旅行会社で働かせてみようと思うんだけど、どうかな？
沙羅：はい、力を合わせて頑張ります。

3-1-3

1 新天地▶シーン43

沙羅は、さっそく新たに立ち上げた、
旅行会社インチョンッチャンと、インチョンリゾートの
ラジオコマーシャルの制作について検討しています。

ノア：여행사 이름을 여러 번 내보내는 게 어때?

沙羅：우리 회사 홈페이지에 찾아올 수 있도록 광고하기로 해요.

ノア：괜찮네. '인천짱을 검색하세요.'라든지.

沙羅：'인천짱을 치면, 인천의 창이 열립니다.' 는 어때요?

ノア：그거 좋은데. 짱 하고 창. 아주 좋아.

沙羅：광고에 사장님도 꼭 출연하셔야 해요.

単語と語句 단어랑 어구

내보내다：出て行かせる、出す　홈페이지〔homepage〕：ホームページ
찾아오다：訪ねてくる、やって来る　광고하다〔広告하다〕：広告する
인천짱〔仁川짱〕：インチョンッチャン（旅行会社の名前）
검색하다〔検索하다〕：検索する　창〔窓〕：窓　치다：打つ、入力する
짱：最高　출연하다〔出演하다〕：出演する

覚えておきたい表現

찾아올 수 있도록

やって来られるように

「〜するように」と目的や目標を表現するときは、動詞の語幹に「도록（〜ように）」をつけます。ここでは、「찾아올 수 있다（訪ねてくることができる）」の存在詞「있다」の語幹について、「やって来られるように」となっています。

A：꼭 합격할 수 있도록 정성 어린 기도를 하자.

B：그래요.

A：必ず合格できるように心をこめてお祈りしよう。

B：そうですね。

単語

정성 어리다〔精誠 어리다〕：真心がこもる　기도〔祈禱〕：祈り、祈禱

ノア：旅行会社の名前を何回も出すのはどうかな。

沙羅：うちの会社のホームページにやって来られるように広告することにしましょう。

ノア：いいね。「インチョンッチャンを検索してください」だとか。

沙羅：「インチョンッチャンを入力すれば、インチョンの窓が開きます」はどうですか。

ノア：それいいなあ。ッチャン（最高）とチャン（窓）だね。なかなかいいね。

沙羅：コマーシャルに、社長も必ず出演なさらなければなりませんよ。

3-1-4

1 新天地▸シーン44

沙羅とイノは、インチョンの新たなツアーコースを企画するため、スマートフォンを片手に、市内を回っています。

沙羅：아시다시피, 차이나타운에 있는 그 식당, 짜장면으로 유명하니까 투어의 점심은 거기로 하죠.

イノ：네, 그래요. 그런데, 그 폰 3D 촬영도 가능하죠? 어디서 샀어요?

沙羅：아, 이거요? 인터넷 쇼핑몰에서 샀어요.

イノ：그러고 보니, 지금 고객 혜택 기간이라서 포인트가 10 배였죠?

単語と語句 단어랑 어구

차이나타운〔china town〕：チャイナタウン　짜장면：ジャージャー麺
폰〔phone〕：スマホ、스마트폰の略　촬영〔撮影〕：撮影
인터넷 쇼핑몰〔internet shopping mall〕：ネット通販　고객〔顧客〕：顧客
혜택〔恵沢〕：恩恵、特典　기간〔期間〕：期間　포인트〔point〕：ポイント

覚えておきたい表現

아시다시피

ご存じのように

動詞の語幹に「다시피」がつくと、「〜したとおり」「〜したように」と、その動作を確認する表現になります。ここでは尊敬の形になっていますが、「알다시피（おわかりのように）」という形でも使われます。「보시다시피（ご覧のように）」も、よく使われる表現の１つです。

A：보시다시피 저희 회사는 창업 20주년을 맞아 새롭게 태어났습니다.

B：와아, 아주 멋있네요.

A：ご覧のとおり、わが社は創業20周年を迎え、生まれ変わりました。

B：わあ、とっても素敵ですね。

単語

창업〔創業〕:創業　주년〔周年〕:周年
새롭게:新しく　태어나다:生まれる　멋있다:素敵だ、かっこいい

沙羅：ご存じのように、チャイナタウンにあるあの食堂、
ジャージャー麺で有名なので、ツアーの昼食はそこにしましょう。

イノ：はい、そうですね。ところで、そのスマホ、３Ｄも撮影可能ですよね？
どこで買ったんですか。

沙羅：あ、これですか。ネット通販で買ったんですよ。

イノ：そういえば、今、顧客特典期間でポイントが10倍でしたよね？

3-1-5

1 新天地▶シーン45 記憶の扉

＊音声を聞き、登場人物の置かれた状況や気持ちを生かしながら、
空欄になっているセリフを日本語に訳してみましょう。

インチョンリゾートが開業して1年後

インチョンリゾートの経営状況について、シウはノアに相談しています。

シウ：①아시다시피, 요즘 손님이 좀 줄었어요.

ノア：이럴 때 엔화가 비싼 걸 이용해야지.

シウ：호텔의 ②영업부를 독립시켜서 여행사로 만들려고 하는 게 사실입니까?

ノア：응. 그래서 말인데, 거기서 ③사라를 경험 삼아 일하게 하면 어떨까?

シウ：그거 좋네요. 호텔리어도 많은 경험이 필요하니까요.

ノア：사라를 못 본 지도 꽤 오래됐군.

シウ：사라가 여행사에서도 ④잘할 수 있도록 형이 와서 격려 좀 해 주세요.

単語と語句　단어랑 어구

엔화〔엔貨〕:円（通貨の単位）	경험〔経験〕:経験	격려〔激励〕:激励

シウ：①＿＿＿＿＿＿＿＿＿＿＿＿＿＿＿＿

ノア：このようなときは円高を利用しなければ。

シウ：ホテルの②＿＿＿＿＿＿＿＿＿＿＿＿＿＿＿＿

＿＿＿＿＿＿＿＿＿＿＿＿＿＿＿＿＿＿

ノア：ああ。それでだけど、そこで

③＿＿＿＿＿＿＿＿＿＿＿＿＿＿＿＿

シウ：それはいいですね。ホテリエもいろいろな経験が

必要ですから。

ノア：沙羅にもずいぶん長く会っていないなあ。

シウ：沙羅が旅行会社でも④＿＿＿＿＿＿＿＿＿＿＿＿

＿＿＿＿＿＿＿＿＿＿＿＿＿＿＿＿＿＿

1 リスニングに挑戦９〈ホテルのコマーシャル〉
호텔 광고

1 音声を聞いて、次の質問に答えましょう。

① 인천리조트는 손님한테 뭘 실현시켜 드립니까?

② 인천리조트는 창업 몇 주년입니까?

③ 인천리조트는 고객을 어떻게 모시고 있습니까?

④ 스위트룸을 어떤 가격으로 제공하고 있습니까?

① インチョンリゾートは客に何を実現してくれますか。
② インチョンリゾートは創業何周年ですか。
③ インチョンリゾートは顧客をどのように迎えていますか。
④ スイートルームをどんな価格で提供していますか。

2 音声を聞いて、空欄に語句を入れましょう。

女性　：세계로 통하는 인천 최고의 호텔, 인천리조트는 개업 일 주년을 도약의 발판으로 (①　　　　), 새롭게 태어났습니다. 정성 어린 서비스로 여러분께 지상 낙원의 꿈을 (②　　　　) (③　　　　).

ノア　：(④　　　　) 저희 호텔은 고객님을 왕처럼 모시고 있습니다. 인천리조트에서 고객님이 최상의 편안함을 (⑤　　　　) (⑥　　　　) (⑦　　　　) 최선을 다하겠습니다.

従業員一同：손님이 왕이지요!

女性　：기념 이벤트로, 이번 달 중에 예약하시는 분께 스위트룸을 싱글 룸 가격으로 제공하고 있습니다.

単語

도약〔跳躍〕: 跳躍、飛躍　발판〔발板〕: 踏み台、ステップ
께: 에게「～に」の尊敬語　모시다: お迎えする、お仕えする　최상〔最上〕: 最上
편안하다〔便安하다〕: 安らかだ　최선을 다하다〔最善을 다하다〕: 最善を尽くす
제공하다〔提供하다〕: 提供する

解答

シーン45　記憶の扉　p.130

〈日本語訳例〉

① 아시다시피, 요즘 손님이 좀 줄었어요.
ご存じのように、このところ客が少し減りました。

② 영업부를 독립시켜서 여행사로 만들려고 하는 게 사실입니까?
営業部を独立させて、旅行会社を作ろうとしているのは事実ですか。

③ 사라를 경험 삼아 일하게 하면 어떨까?
沙羅を経験として働かせたらどうだろう。

④ 잘할 수 있도록 형이 와서 격려 좀 해 주세요.
うまくやっていけるように、兄さんが来て少し励ましてあげてください。

リスニングに挑戦９　p.132

1 ①지상 낙원의 꿈（地上の楽園の夢）　②일 주년（１周年）
③왕처럼（王様のように）
④싱글 룸 가격（シングルルームの価格）

2 ①삼아　②실현시켜　③드리겠습니다　④아시다시피
⑤느끼실　⑥수　⑦있도록

日本語訳

女性　：世界に通じるインチョン最高のホテル、インチョンリゾートは開業１周年を飛躍のステップとして、新たに生まれ変わりました。真心のこもったサービスで皆様に地上の楽園の夢を実現いたします。

ノア　：ご存じのように、私どものホテルはお客様を王様のようにお迎えいたします。インチョンリゾートでお客様が最高のおくつろぎを感じられるように最善を尽くします。

従業員一同：お客様が王様です！

女性　：記念イベントとして、今月中に予約される方にはスイートルームをシングルルームの価格で提供しております。

第Ⅲ部
インチョンの恋

2 届かぬ想い

3-2-1

2 届かぬ想い▶シーン46

K-Boys主演の映画製作が発表され、インチョンリゾートもその舞台の一部となることになりました。

ノア：케이보이즈가 나오는 영화를 우리 호텔에서 촬영한대.

沙羅：저도 들었어요. 다큐멘터리 영화 '스타로의 길' 말이죠?

ノア：응. 정원에 있는 게스트용 별채를 연습생 시절의 합숙시설로 한다고 들었어.

シウ：촬영기간동안 호텔 식당도 이용한다고 하던데.

沙羅：이 기회에 호텔 안에 뮤지션을 위한 스튜디오를 만드는 건 어때요?

単語と語句 단어랑 어구

다큐멘터리〔documentary〕：ドキュメンタリー　스타〔star〕：スター　정원〔庭園〕：庭園　게스트〔guest〕：ゲスト　별채〔別채〕：離れ屋、別棟　연습생〔練習生〕：練習生　시절〔時節〕：頃、時代　합숙시설〔合宿施設〕：合宿施設　뮤지션〔musician〕：ミュージシャン　스튜디오〔studio〕：スタジオ

覚えておきたい表現

하던데.

言っていましたが。

動詞の語幹に「던데」がつくと、「～ていたが」と過去にあったことをやんわりと伝えたり、反対する意志をこめて「～だったのに」と、過去のことを独り言でつぶやいたりするときに使います。ここでは「하다（言う）」の語幹について「言っていましたが」という意味で使われています。

A：물리 치료 받아 본 적 있어?

B：아니, 나는 없는데 친구는 있다고 하던데.

A：物理療法受けたことある？

B：いや、私はないけど友達はあると言っていたよ。

単語

물리〔物理〕：物理　치료〔治療〕：治療、療法

ノア：K-Boysが出演する映画をうちのホテルで撮影するそうだ。

沙羅：私も聞きました。ドキュメンタリー映画『スターへの道』のことですよね。

ノア：ああ、庭園にあるゲスト用の別棟を練習生時代の合宿施設にするそうだ。

シウ：撮影の間、食堂も利用すると言っていましたが。

沙羅：この機会にホテルの中にミュージシャンのためのスタジオを作るのはいかがでしょうか。

3-2-2

2 届かぬ想い ▶シーン47

新しく企画したツアー客が日本から到着する日、
沙羅も自らロビーで出迎えることにしました。

沙羅：어서 오세요. 아사이 유카리 씨세요?
태풍 때문에 오시느라 힘드셨죠?

客1：나리타 공항에서 출발이 늦어졌지만,
괜찮았어요.

客2：난기류 때문에 비행기가 흔들려서,
기분이 좀….

沙羅：정원에 있는 풍차 근처에 벤치가
있습니다.
거기서 바람을 쐬시면서
조금 쉬시는 건 어떠세요?

単語と語句 단어랑 어구

태풍〔台風〕:台風　늦어졌지만:遅くなったけど　난기류〔乱気流〕:乱気流
흔들리다:揺られる、揺らされる　기분〔気分〕:気分、体調
풍차〔風車〕:風車　바람을 쐬시면서:風に当たりながら（쐬다:浴びる、当たる）

覚えておきたい表現

오시느라

いらっしゃるのに

日本語には訳しにくい表現ですが、何かをしたことが原因で、ある結果がもたらされた場合、動詞の語幹に「느라」をつけて、「～するために」「～するので」という表現にします。ここでは「오시다（いらっしゃる）」について、「오시느라（お越しになるにあたって、いらっしゃるうえで［大変でしたでしょう］」というような意味になっています。「느라고」という形になっても、意味はほとんど変わりません。

A：급하게 떠나느라
부모님께 인사 드리는 걸 깜빡했어.

B：이런, 불효자!

A：急に出かけたため、両親にあいさつすることを忘れちゃったよ。

B：まったく、親不孝者！

単語

급하게〔急하게〕：急いで　　불효자〔不孝子〕：親不孝者

沙羅：ようこそお越しくださいました。浅井ゆかり様ですね。
台風のせいで、いらっしゃるのに大変でしたでしょう。

客1：成田空港で出発が遅れたけれど、問題ありませんでしたよ。

客2：乱気流のせいで飛行機が揺れて、体調がちょっと……。

沙羅：庭にある風車の近くにベンチがございます。
そこで風に当たりながら少しお休みになってはいかがですか。

3-2-3

2 届かぬ想い ▶シーン48

K-POPファン誘致が成功し、日本人客が増えたので、
シウは沙羅に日本語を教えてもらうことにしました。

シウ：오늘은 마음을 표현하는 말을 가르쳐 줘요.
예를 들면… '사랑해요' 같은 말요.

沙羅：그런 말, 손님한텐 쓸 일 없잖아요.

シウ：그럼, '나만 봐요'는요?

沙羅：시우 씨, 진지하게 공부할 마음 없으면 저 가르치는 거 그만둘래요.

シウ：난 진지해요. 그게 내가 지금 제일 하고 싶은 말이니까요.

単語と語句 단어랑 어구

진지하게〔真摯하게〕: 真摯に、真剣に、まじめに　그만두다: やめる

覚えておきたい表現

예를 들면

例えば

「예」は漢字で「例」です。つまり「예를（例を）」に、「들다（あげる）」の仮定形「들면（あげると）」がついて、「예를 들면（例えば）」になっています。「예를 들어（서）（例えば）」という形で使われることもあります。同じ意味のよりかたい表現に「예컨대」があります。

A：체력 단련에 좋은 운동, 어떤 게 있지?

B：예를 들면 수영이나 요가가 좋지 않을까?

A：体力鍛錬にいい運動、どんなのがある？

B：例えば、水泳やヨガがよくないかな？

単語

체력〔体力〕：体力　단련〔鍛錬〕：鍛錬　운동〔運動〕：運動
수영〔水泳〕：水泳　요가〔yoga〕：ヨガ

シウ：今日は気持ちを表す言葉を教えてください。
例えば……「愛しています」のような言葉です。

沙羅：そんな言葉、お客さんには使うことないじゃないですか。

シウ：じゃあ、「僕だけを見てください」は？

沙羅：シウさん、まじめに勉強する気がないなら、私、もう教えませんよ。

シウ：僕はまじめです。それが僕が今いちばん言いたい言葉ですから。

3-2-4

2 届かぬ想い ▶シーン49

アメリカで活躍するロック歌手リアの
レコーディング誘致に成功した沙羅とイノは、
２人でバーでお祝いをしています。

沙羅：인호 씨 덕분에 리아도 오게 됐어요.

イノ：그 가수 아주 효녀라서, 부모님도 모셔 오기로 했대요.

沙羅：인호 씨는 언제까지 계실 거예요?

イノ：올해 말까지요.
아버지랑 약속했거든요.

沙羅：그렇게 빨리요? 섭섭하네요.

イノ：그럼, 사라 씨도 저랑 같이 가실래요?

沙羅：네?

イノ：저에겐 사라 씨가 필요하거든요.

単語と語句 단어랑 어구

리아：リア（人名）　가수〔歌手〕：歌手　효자〔孝子〕：孝行者
모시다：ご案内する、お連れする　섭섭하다：名残惜しい、寂しい

覚えておきたい表現

약속했거든요.

約束したんですよ。

相手が知らないと思われる理由や事情などを、「～（だから）なんだよ」と説明するときに、動詞や存在詞、形容詞などの語幹や過去形に「거든」をつけて言います。ここでは、「약속했거든요.（約束したんです）」のほかに「필요하다（必要だ）」の語幹につけて、「필요하거든요.（必要なんです）」という形でも使われています。

A：일하느라 힘들지?
B：괜찮아요. 내일은 휴일이거든요.

A：働いていて大変でしょ？
B：大丈夫です。明日は休日なんですよ。

単語

휴일〔休日〕：休日

沙羅：イノさんのおかげで、リアも来ることになりました。
イノ：あの歌手、とても親孝行で、両親も
　　　連れてくることにしたそうですよ。
沙羅：イノさんはいつまでいらっしゃるおつもりですか。
イノ：今年の末まででです。父と約束したんですよ。
沙羅：そんなに早くですか。寂しいですね。
イノ：じゃあ、沙羅さんも僕といっしょに行きますか。
沙羅：え？
イノ：僕には沙羅さんが必要なんです。

3-2-5

2 届かぬ想い ▶ シーン50 記憶の扉

＊音声を聞き、登場人物の置かれた状況や気持ちを生かしながら、空欄になっているセリフを日本語に訳してみましょう。

ノアと再会した由美が日本に帰国した日

由美が初めての韓国訪問から日本に帰った日、ノアはシウの今後について話しています。

ノア：너도 이제 현장에서 일해 보는 게 어때?
①예를 들면 라스베이거스의 호텔 같은 데서.

シウ：좋네요. 지금까지 ②학교 공부만 하느라
실무 경험은 해 본 적 없잖아요.

ノア：아는 사람이 그쪽에서 ③호텔을 경영하고
있거든. 거기서 일하면서 경험을
쌓는 것도 좋을 거야.

シウ：저도 일하면서 호텔 일을
공부해 보고 싶었어요.

ノア：④그 집에 인호라는 아들이 있다고 하던데,
너한테 여러모로 도움이 될 거야.

シウ：네. 근데 형, 그 목도리 제 거죠?

単語と語句 단어랑 어구

현장〔現場〕: **現場**	데: **所**	실무〔実務〕: **実務**	아는 사람: **知人**
그쪽: **そちら側、向こう**	경험을 쌓다: **経験を積む**	아들: **息子**	
여러모로: **いろいろな面で**	도움이 되다: **助けになる、役に立つ**		

ノア： お前ももう現場で働いてみるのはどうだろう？

①＿＿＿＿＿＿＿＿＿＿＿＿＿＿＿＿＿＿＿＿

シウ： いいですね。今まで②＿＿＿＿＿＿＿＿＿＿＿＿＿＿

＿＿＿＿＿＿＿＿＿＿＿＿＿＿＿＿＿＿＿＿

ノア： 知人が向こうで

③＿＿＿＿＿＿＿＿＿＿＿＿＿＿＿＿＿＿＿＿

そこで働きながら経験を積むのもいいだろう。

シウ： 僕も働きながらホテルの仕事を学んでみたかったんです。

ノア： ④＿＿＿＿＿＿＿＿＿＿＿＿＿＿＿＿＿＿＿＿

お前にも何かと助けになるだろう。

シウ： はい。ところで、兄さん、そのマフラー僕のですよね？

2 リスニングに挑戦10 〈ドキュメンタリー〉
다큐멘터리

1 音声を聞いて、次の質問に答えましょう。

① 리아는 어디 출생입니까?

② 리아는 어느 나라에서 활약하고 있습니까?

③ 리아는 어떤 치료를 받았습니까?

④ 리아는 겨울에 어디서 앨범을 녹음합니까?

① リアはどこの生まれですか。
② リアはどこの国で活躍していますか。
③ リアはどんな治療を受けましたか。
④ リアは冬はどこでアルバムを録音しますか。

2 音声を聞いて、空欄に語句を入れましょう。

ナレーション：리아, 28세. 서울 출생. 초등학교 졸업 후 로스앤젤레스로 건너간 그녀는 현재 미국에서 록 가수로 활약하고 있다.

リア　：'5월에 목을 다쳤잖아요. 그래서 여러 가지 한방 치료를 (①　　　　　　). (②　　　　) (③　　　　) 침이나 물리 치료 같은….'

ナレーション：효녀로 유명한 그녀는 매일 부모님에게 전화를 한다.

リア　：'한국 많이 춥다고 (④　　　　), 몸조심하세요.'

ナレーション：다음 컴백을 위해 (⑤　　　　) (⑥　　　　　　) 휴일도 없는 리아.

リア　：'이번 겨울에 인천에 있는 호텔 스튜디오에서 앨범을 녹음할 생각입니다.'

ナレーション：내년은 그녀에게 또 한 번의 도약을 꿈꾸는 해이다.

単語

출생〔出生〕:生まれ　로스앤젤레스〔Los Angeles〕:ロサンゼルス
건너가다:渡っていく　록〔rock〕:ロック　한방〔韓方〕:韓国伝統医療、韓方
컴백〔come back〕:新曲発表、カムバック　신곡〔新曲〕:新曲
제작하다〔制作하다〕:制作する　목:喉　다치다:けがをする、傷める
침〔鍼〕:鍼　꿈꾸다:夢見る

解答

シーン50 記憶の扉 p.144

〈日本語訳例〉

① 예를 들면 라스베이거스의 호텔 같은 데서.
例えばラスベガスのホテルのような所で。

② 학교 공부만 하느라 실무 경험은 해 본 적 없잖아요.
学校の勉強ばかりしていて、実務経験はしたことないじゃないですか。

③ 호텔을 경영하고 있거든.
ホテルを経営しているんだ。

④ 그 집에 인호라는 아들이 있다고 하던데,
その家にイノという息子がいると言っていたけど

リスニングに挑戦10 p.146

1 ①서울 (ソウル) ②미국 (アメリカ)
③한방 (韓方)／침이나 물리 치료 (鍼や物理療法)
④인천에 있는 호텔 스튜디오 (インチョンにあるホテルのスタジオ)

2 ①받았거든요 ②예를 ③들면 ④하던데 ⑤신곡을
⑥제작하느라

日本語訳

ナレーション：リア、28歳。ソウルに生まれる。小学校卒業後にロサンゼルスに渡った彼女は、現在アメリカでロック歌手として活躍している。

リア：「5月に喉を傷めたじゃないですか。それでいろいろな韓方の治療を受けたんですよ。例えば鍼や物理療法のような……。」

ナレーション：親孝行で知られる彼女は、毎日両親に電話している。

リア：「韓国はとても寒いと言っていましたが、体に気をつけてください。」

ナレーション：次のカムバックのために、新曲の制作に休日もないリア。

リア：「この冬はインチョンのホテルのスタジオでアルバムを録音するつもりです。」

ナレーション：来年は、彼女にとってさらなる飛躍を夢見る年である。

第Ⅲ部
インチョンの恋

3 揺れる心

シーン51 정신이 없었어요.
無我夢中でした。

シーン52 좋아질 듯해.
よくなるだろう。

シーン53 기가 막힌다!
あきれちゃうわ!

シーン54 모른 척하지만
隠しているけれど

シーン55 記憶の扉 イノと沙羅が様々なプロジェクトを企画していたころ

リスニングに挑戦11 출연 성우〈出演声優〉

3-3-1

3 揺れる心▶シーン51

シウが会議で、計画中のファンミーティングについて
プレゼンテーションを終えると、沙羅が話しかけてきました。

シウ：그럼 팬미팅은 이렇게 진행하겠습니다.

沙羅：그런데, 총지배인님,
어제 퀴즈 쇼에서 자유의 여신상을
한국이 선물했다고 대답하셨죠?

シウ：긴장을 너무 많이 해서 정신이 없었어요.

沙羅：라디오에 출연하면 그렇게
긴장되나요?

シウ：아니, 사실은…. 사라 씨 생각을
하느라고…. 사라 씨….
제 마음 아직도 모르시겠어요?

単語と語句 단어랑 어구

진행하다〔進行하다〕:進める　대답하다〔対答하다〕:答える
긴장〔緊張〕:緊張

覚えておきたい表現

정신이 없었어요.

無我夢中でした。

「정신（精神）」が「없다（ない）」で、「無我夢中だ」「気が気でない」という意味になります。とても慌ただしくて気持ちがせいている状態を表す言葉です。また、「ぼうっとする」「心ここにない」という意味でも使われます。「정신없이（われを忘れて、慌ただしく）」という形で、副詞としても使われます。

A：다음 주가 오디션이지?

B：응, 그래서 요즘 연기 연습하느라 정신이 없어.

A：来週オーディションでしょ？

B：うん、それで最近演技の練習で落ち着かないの。

単語

오디션〔audition〕：オーディション　연기〔演技〕：演技
연습하다〔練習하다〕：練習する

シウ：では、ファンミーティングは、このように進めていきます。

沙羅：ところで、総支配人、昨日のクイズ番組で、自由の女神を韓国がプレゼントしたって答えられましたよね。

シウ：とても緊張していて、無我夢中でした。

沙羅：ラジオに出演するとそんなに緊張しますか。

シウ：いや、実は……。沙羅さんのことを考えていて……。沙羅さん……。僕の気持ちまだおわかりになりませんか。

3-3-2

3 揺れる心▶シーン52

沙羅、イノ、シウが事業案を検討していると、
ノアがやってきました。

ノア：팬미팅 성공 축하해. 사라 씨, 이거.

沙羅：와아, 팔찌네요. 감사합니다.

ノア：이번 건으로 우리 호텔 평판이 더 좋아질 듯해.

イノ：…저기, 사실은 사라 씨가 라스베이거스에 있는 저희 호텔에서 일해 주셨으면 하는데요.

沙羅：네? 뭐라고요? 이렇게 갑작스럽게.

シウ：서, 설마. 사라 씨, 안 가실 거죠?

単語と語句　단어랑 어구

성공〔成功〕：成功　축하하다〔祝賀하다〕：祝賀する、祝う
팔찌：ブレスレット　갑작스럽게：急に、突然に　설마：まさか

👍 覚えておきたい表現

좋아질 듯해.

よくなるだろう。

動詞や形容詞などの連体形に「듯하다」がつくと、「〜らしい」「〜ようだ」「〜だろうと思う」と、客観的な推量を表す表現になります。このせりふでは「좋아지다（よくなる）」の未来連体形「좋아질」について、「좋아질 듯해.（よくなりそうだ）」となっています。

A：올해 입사 시험은 어떨까요?

B：요즘 추세를 보면 쉬워질 듯한데.

A：今年の入社試験はどうでしょうか。

B：最近の傾向をみると、やさしくなりそうね。

単語

입사 시험〔入社 試験〕：入社試験　　추세〔趨勢〕：趨勢、傾向
쉬워지다：やさしくなる

ノア：ファンミーティングの成功おめでとう。沙羅さん、これ。

沙羅：わあ、ブレスレットですね。ありがとうございます。

ノア：今回の件でうちのホテルの評判がさらによくなるだろう。

イノ：……あの、実は、沙羅さんがラスベガスにあるうちのホテルで働いてくださったらと思っているんですが。

沙羅：ええ？ 何ですって？ こんなに突然。

シウ：ま、まさか。沙羅さん、行かれませんよね？

3-3-3

3 揺れる心▶シーン53

ノアが婚約したといううわさを耳にした女子社員が
沙羅に話しかけてきました。

女性社員：사장님, 이번에 리아랑 약혼하신대.

沙羅　　：설마, 리아는 미국에 애인이 있잖아.

女性社員：그래! 근데 여기서 사장님하고
눈 맞아서 남친이랑 헤어졌대.

沙羅　　：그런 얘기 어떻게 알았어?
너 정말 기가 막힌다!

女性社員：그거야 기본이지.
소문하면 나 아니겠어?

沙羅　　：너랑 비슷한 사람,
부산 호텔에도 있었어.

単語と語句 단어랑 어구

약혼하다〔約婚하다〕：婚約する　눈 맞다：（2人の）心が通じあう、恋に落ちる
헤어지다：別れる　기본〔基本〕：基本、あたりまえなこと
비슷하다：似ている

覚えておきたい表現

기가 막힌다!

あきれちゃうわ!

「기」は漢字で「気」で、日本語とほぼ同じ意味です。その「気」が「막히다(詰まる、ふさがる)」となり、「あきれる」という表現になります。また、「기가 막히다」には、「すごい」と絶賛するいい意味もあります。「기가 막히게(ものすごく)」と副詞の形でもよく使われます。

A：저 사람, 어제 하루 세 번이나 미팅 나갔대.

B：어머, 기가 막혀. 어쩌면 그러니?

A：あの人、昨日１日で３回も合コンに行ったんだって。

B：まあ、あきれた。いったいどうしてそんなこと？

単語

미팅〔meeting〕：合コン　어쩌면：どうすれば、どうして

女性社員：社長、今度リアと婚約されるんだって。

沙羅　　：まさか、リアはアメリカに恋人いるじゃない。

女性社員：そうなの！ でも、ここで社長と恋愛関係になっちゃって、彼氏と別れたって。

沙羅　　：そんな話、どうやって知ったの？
あなた、本当にあきれちゃうわ！

女性社員：そんなのたいしたことじゃないわよ。
ゴシップは私にまかせて。

沙羅　　：あなたみたいな人、プサンのホテルにもいたわ。

3-3-4

3 揺れる心 ▶ シーン54

ノアが婚約したという話を耳にした沙羅は、
お祝いにオフィスを訪ねました。

沙羅：사장님, 약혼 축하드립니다.

ノア：응? 어떻게 알았어? 아무튼 고마워.

沙羅：저, 인호 씨한테서 제의 받은 일 말인데요, 어떻게 하면 좋을까 해서….

ノア：사라 씨의 인생이니까, 사라 씨가 결정해야지.

沙羅：…네….

ノア：사실, 시우는 모른 척하지만, 사라 씨의 성공에는 시우의 힘이 컸어.

沙羅：무슨 말씀이세요? 자세히 말씀해 주세요.

単語と語句 단어랑 어구

제의〔提議〕: 提案　인생〔人生〕: 人生　결정하다〔決定하다〕: 決める
자세히〔字細히〕: 詳しく

覚えておきたい表現

모른 척하지만

隠しているけれど

動詞や形容詞の連体形に「척하다」をつけると、「～ふりをする」という意味になります。例えば、動詞の過去連体形につけば「～したふりをする」となります。ここでは「모르다（知らない）」の過去連体形につけて、「知らなかったふりをしているけれど」となっている文を、「隠しているけれど」と意訳しています。

A：너, 얌전한 척하느라 힘들지?

B：나, 원래 얌전한 편이야.

A：君、おとなしいふりをしようと大変だろう？

B：私、もともとおとなしいほうよ。

単語

얌전하다：おとなしい　원래〔元来〕：元来、もともと

沙羅：社長、ご婚約おめでとうございます。

ノア：ええ？ どうやって知ったの？ まあとにかく、ありがとう。

沙羅：あの、イノさんから提案された件ですが、どうすればいいかと思って……。

ノア：沙羅さんの人生だから、沙羅さんが決めなくては。

沙羅：……はい……。

ノア：実は、シウは隠しているけれど、
沙羅さんとイノの成功には、シウの力が大きかったんだよ。

沙羅：どういうことでしょうか。詳しくお聞かせください。

3-3-5

3 揺れる心▶シーン 55 記憶の扉

＊音声を聞き、登場人物の置かれた状況や気持ちを生かしながら、空欄になっているセリフを日本語に訳してみましょう。

イノと沙羅が様々なプロジェクトを企画していたころ

シウは、沙羅とイノの計画を知ると、２人に内緒で相手先を訪ね、熱心に交渉を繰り返していました。

―― 映画会社で ――

シウ：이번 영화 촬영지는 저희 호텔로 해 주십시오.

映画会社社員：거의 다 결정된 일이라
①그건 좀 어려울 듯하네요.

―― 電話で ――

シウ：리아 전용으로 녹음 스튜디오도
마련하겠습니다.

エージェント：지금 ②정신없이 바쁘니까 다음에 다시 전화
주세요.

―― 沙羅とイノが企画するイベントの３つの取引先 ――

シウ：저번에 말씀드렸던 팬미팅 말입니다만, ③기가 막히게 좋은 기획이니까요, 꼭 한 번….

シウ：피디님, 케이보이즈의 팬사인회 꼭 부탁드립니다.

シウ：오늘 제가 여기 왔던 거, ④저희 호텔 관계자들한테는 모르는 척해 주십시오.

単語と語句 단어랑 어구

거의:ほとんど	결정되다〔決定되다〕:決まる	전용〔專用〕:専用
바쁘다:忙しい	말씀드리다:申し上げる	기획〔企画〕:企画
피디:ディレクター、番組監督（PD）	팬사인회:ファンサイン会	
관계자〔関係者〕:関係者		

シウ　　：今度の映画のロケ地は私どものホテルにしてください。

映画会社社員：もうほとんど決まったことだから、

①＿＿＿＿＿＿＿＿＿＿＿＿＿＿＿＿＿＿＿＿

シウ　　：リア専用に録音スタジオも用意します。

エージェント：今、②＿＿＿＿＿＿＿＿＿＿＿＿＿＿＿＿＿＿

シウ　　：以前お話しいたしましたファンミーティングの件ですが、

③＿＿＿＿＿＿＿＿＿＿＿＿＿＿ぜひ一度……。

シウ　　：ディレクターさん、K-Boysのファンサイン会、ぜひお願いします。

シウ　　：今日私がここに来たこと、

④＿＿＿＿＿＿＿＿＿＿＿＿＿＿＿＿＿＿＿＿

듣기

1 音声を聞いて、次の質問に答えましょう。

① 유미 역의 성우는 연기하기 전에 무엇을 봤습니까?

② 노아 역의 성우가 가장 좋아하는 장면은 무엇입니까?

③ 시우는 어떤 청년입니까?

④ 사라 역의 성우는 사라와 무엇이 똑같습니까?

① 由美役の声優は、演じる前に何を見ましたか。
② ノア役の声優がもっとも好きな場面はどこですか。
③ シウはどんな青年ですか。
④ 沙羅役の声優は沙羅と何が同じですか。

2 音声を聞いて、空欄に語句を入れましょう。

由美役：제가 연기했던 유미는 일본인이잖아요.
일본인이 어떻게 감정 표현을 하는지 모르고
연기하는 건 (①) (②) 먼저
일본 영화를 많이 봤어요.

ノア役：노아는 대학생부터 40대까지, 나이에 맞춰
연기해야 했기 때문에 정말 (③).
제가 가장 좋아하는 장면은 유미와 재회하는
장면이에요.

シウ役：시우는 얌전한 청년인데, 전 꽤 활발하기
때문에 (④) (⑤) 고생 좀
했어요.

沙羅役：사라는 제 성격과 (⑥) (⑦)
똑같아서 연기하기 정말 쉬웠어요.

単語

출연〔出演〕：出演　성우〔声優〕：声優　연기하다〔演技하다〕：演技する
감정 표현〔感情 表現〕：感情表現　대〔代〕：～代　맞추다：合わせる
재회하다〔再会하다〕：再会する　활발하다〔活発하다〕：活発だ
고생〔苦生〕：苦労

解答

シーン55 記憶の扉 p.158

〈日本語訳例〉

① 그건 좀 어려울 듯하네요.
それはちょっと難しいでしょう。

② 정신없이 바쁘니까 다음에 다시 전화 주세요.
ものすごく忙しいから今度また電話してください。

③ 기가 막히게 좋은 기획이니까요.
驚くほどいい企画ですから

④ 저희 호텔 관계자들한테는 모르는 척해 주십시오.
私どものホテルの関係者には知らないふりをしていてください。

リスニングに挑戦11 p.160

1 ①일본 영화 (日本映画)
②유미와 재회하는 장면 (由美と再会するシーン)
③얌전한 청년 (おとなしい青年) ④성격 (性格)

2 ①어려울 ②듯해서 ③정신없었어요 ④얌전한
⑤척하느라 ⑥기가 ⑦막히게

日本語訳

由美役：私が演じた由美は日本人じゃないですか。日本人がどうやって感情表現するのか知らずに演じるのは難しそうなので、まず日本映画をたくさん見ました。

ノア役：ノアは、大学生から40代まで、年齢に合わせて演技しなければならなかったので、本当に無我夢中でしたね。私がもっとも好きな場面は由美と再会するシーンです。

シウ役：シウはおとなしい青年ですが、私はそうとう活発ですから、おとなしい役を作ろうとちょっと苦労しました。

沙羅役：沙羅は私の性格と驚くほど似ていて、演じるのが本当に楽でした。

第Ⅲ部
インチョンの恋

4 北斗七星

シーン56 만족하고 있긴 한데
満足してはいるんですが

シーン57 그건 그렇지.
それはそうよね。

シーン58 갖고 가렴.
持っていきなさい。

シーン59 저에게 있어서
私にとって

シーン60 記憶の扉 沙羅が飛行機の搭乗を待つ間

リスニングに挑戦12 드라마 NG 모음〈ドラマのNG集〉

3-4-1

4 北斗七星▶シーン56

家族が経営するラスベガスのホテルに
沙羅をスカウトしたイノは、就労環境や
アメリカでの生活について説明しています。

沙羅：제가 정말 할 수 있을까요?

イノ：걱정 마세요. 저만 믿고 따라오세요.

沙羅：저, 지금 직장에도
만족하고 있긴 한데….

イノ：원하신다면, 야간에는 호텔 경영 전문
대학교에 다니셔도 좋아요.

沙羅：정말요? 저 호텔 일을 전문적으로
공부해 보고 싶었어요.

イノ：사라 씨 인생, 저한테 한번 맡겨 보세요.

単語と語句 단어랑 어구

믿다:信じる　따라오다:ついて来る　직장〔職場〕:職場
만족하다〔満足하다〕:満足する　원하다〔願하다〕:願う、望む
전문적으로〔専門的으로〕:専門的に　맡기다:預ける

覚えておきたい表現

만족하고 있긴 한데

満足してはいるんですが

動詞や形容詞などの語幹に「기」をつけると、「～すること」「～であること」という名詞になります。その後に助詞「는（～は）」、そして「하다」が続いて、「기는 하다（～してはいる）」という表現になります。ここでは「만족하고 있다（満足している）」に、「기는 하다」がついて、「만족하고 있기는 하다（満足してはいる）」となったものが、「기는」が短く「긴」となっています。

A：도시락 잘 만들었어?

B：만들긴 만들었는데, 맛이 좀….

A：お弁当うまく作れた？

B：作るには作ったけど、味がちょっと……。

単語

도시락：弁当

沙羅：私が本当にできるのでしょうか。

イノ：心配しないでください。僕だけを信じてついて来てください。

沙羅：私、今の職場にも満足してはいるんですが……。

イノ：お望みなら、夜間にはホテル経営専門の大学に通われてもいいですよ。

沙羅：本当ですか。私ホテルの仕事を専門的に
学んでみたかったんですよ。

イノ：沙羅さんの人生、僕に一度預けてみてください。

3-4-2

4 北斗七星▶シーン57

沙羅は、ラスベガスにあるイノのホテルで働きながら、
夜間は大学でホテルについて学ぶことを決心し、
電話で由美に報告しています。

沙羅：저, 미국에서 일해 볼까 하는데요.

由美：그래? 노아는 뭐라고 해?

沙羅：제 일이니까 제가 정하라고 하셨어요.

由美：음… 그건 그렇지…. 시우는?

沙羅：총지배인님한테는 아직 말 못했어요.

由美：그래. 네 인생이니까 잘 생각해 봐.

沙羅：네, 저에겐 이게 다음 단계로
나아가기 위한 발판일지도 모르고….

由美：정말 그래도 괜찮겠니?

単語と語句 단어랑 어구

정하다〔定하다〕:決める　단계〔段階〕:段階　나아가기 위한:進むための

覚えておきたい表現

그건 그렇지.

それはそうよね。

「그건」は「그것은（それは）」が短く略されたもの、その後に「그렇다（そうだ）」が来て「それはそうだ」です。ここでは、強調や確認などの意を表す「지」がついて、「それはそうよね」となっています。状況に応じて、「그건 그렇지만（それはそうだけど）」「그건 그렇다 치고（それはそうとして）」など、「그렇다」の語尾を活用させ、いろいろな形で使われます。

A：내일 콘서트잖아. 발성 연습해!
B：그건 그런데, 오늘 제 생일이잖아요.

A：明日、コンサートじゃない。発声練習しなさい！
B：それはそうだけど、今日私の誕生日じゃないですか。

単語

콘서트〔concert〕：コンサート　발성〔発声〕：発声

沙羅：私、アメリカで働いてみようかと思っているの。
由美：そう？ ノアは何と言っているの？
沙羅：私のことだから私が決めるようにっておっしゃっていたわ。
由美：うん……それはそうよね……。シウは？
沙羅：総支配人にはまだ言えないでいるの。
由美：そうね。あなたの人生だから、よく考えてみて。
沙羅：ん、私にはこれが次の段階に進むためのステップかもしれないし……。
由美：本当にそれでいいのね？

3-4-3

4 北斗七星▶シーン58

イノがアメリカに帰った翌日、
後を追って行く沙羅は、ホテルから空港に向かう
リムジンバスに乗ろうとしています。

ノア：이 목걸이, 갖고 가렴.

沙羅：괜찮아요? 항상 지니고 계셨잖아요.

ノア：난 이제 괜찮아. 이거, 정말 필요할 때 힘이 돼 줄 거야. 갖고 가.

シウ：인호 씨한테 안부 전해 주세요.

沙羅：네, …두 분께 정말 죄송해요.

シウ：아뇨, 사라 씨의 인생이잖아요.
전 여기서 응원할게요.
꼭 돌아오세요.

単語と語句 단어랑 어구

지니다：身につける　힘이 되다：力になる、助けになる
안부 전하다〔安否 伝하다〕：よろしく伝える
죄송하다〔罪悚하다〕：申し訳ない、恐れ多い　응원하다〔応援하다〕：応援する

覚えておきたい表現

갖고 가렴.

持っていきなさい。

親や先輩や上司が子供や目下の人に、「〜してごらん」「〜しなさい」と許可する場合や軽い命令形として、動詞の語幹に「렴」をつけます。「렴」は「려무나」が短く略された形で、ドラマのせりふも「갖고 가려무나.」と言いかえることもできます。語幹にパッチムがあれば「으렴」とします。

A：어딜 가든 사랑 받는 사람이 되렴.

B：네, 노력할게요.

A：どこに行っても愛される人になりなさい。

B：はい、努力します。

単語

어딜 가든：どこへ行っても　노력하다〔努力하다〕：努力する

ノア：このペンダント持っていきなさい。

沙羅：いいんですか。いつも身につけていらっしゃったじゃないですか。

ノア：僕はもういいんだ。これ、本当に必要なときに
助けになってくれるよ。持っていって。

シウ：イノさんによろしくお伝えください。

沙羅：はい……お２人には、本当に申し訳ございません。

シウ：ううん、沙羅さんの人生じゃないですか。
私はここで応援していますよ。
必ず帰ってきてください。

4 北斗七星▶シーン59

沙羅を見送った日の夕方、ノアから大切なお客様が
インチョン空港に到着したと連絡を受けたシウは、
空港に迎えに行きました。

シウ：어, 사라 씨! 왜 아직 여기 있어요?

沙羅：헤헷, 비행기가 절 두고
그냥 가 버렸어요.

シウ：미국 가는 거 아니었어요?

沙羅：다시 한번 잘 생각해 봤어요. 지금
저에게 있어서 뭐가 가장 소중한지.

シウ：그게 뭔데요?

沙羅：글쎄요, 뭘까요? 후후훗.
아, 저기 봐요. 북두칠성.
너무 예쁘다.

単語と語句 단어랑 어구

두다：置く　그냥：そのまま　소중하다〔所重하다〕：大切だ

覚えておきたい表現

저에게 있어서

私にとって

人物や役職に「에게 있어서」とつけて、「(人) にとって」という表現になります。人物以外であれば、「에 있어서」とつけることで、「～において」「～にとって」という表現になります。

A：그분은 저에게 있어서 엄마 같은 존재입니다.

B：그런데 그분, 남성 분이시잖아요.

A：その方は私にとって母のような存在です。

B：でもその方、男性じゃないですか。

単語

그분：その方　남성〔男性〕：男性

シウ：あっ、沙羅さん。どうして、まだここにいるんですか？

沙羅：エヘ、飛行機が私を置いて行っちゃったんです。

シウ：アメリカに行くんじゃなかったんですか。

沙羅：もう一度よく考えてみたんです。今の私にとって何がいちばん大切かって。

シウ：それ何ですか。

沙羅：さあ、何でしょうね？ フフフ。
あ、あれ見て。北斗七星。
すっごくきれい。

3-4-5

4 北斗七星▶シーン 60 記憶の扉

＊音声を聞き、登場人物の置かれた状況や気持ちを生かしながら、
空欄になっているセリフを日本語に訳してみましょう。

沙羅が飛行機の搭乗を待つ間

空港のロビーで、ノアからもらったペンダントを見つめていた沙羅は、揺れる胸の内を、電話で由美に相談しました。

沙羅：엄마, 저 잘 모르겠어요.

由美：무슨 말이야. 이제 와서.

沙羅：①그건 그렇지만 정말 가도 되는 걸까 해서….

由美：엄마는 너만은 후회하지 않았으면 좋겠구나.

沙羅：②미국에 가고 싶긴 하지만, 가면
무척 소중한 걸 잃어버릴 것만 같아서요.

由美：③스스로에게 한번 물어보렴. 뭐가 가장 소중한지.

(着信音)

沙羅：아, 잠시만요. 시우 씨한테서 메시지가 왔어요.

シウ
（メッセージ）：사라 씨는 ④나에게 있어 북극성 같은 존재입니다.
당신이 어딜 가든 저는 북두칠성이 되어
언제나 당신을 지켜보고 있을 거예요.
몸조심하고 잘 다녀오세요.　　시우

単語と語句　단어랑 어구

스스로:自ら　북극성〔北極星〕:北極星　언제나:いつでも
지켜보다:見守る　다녀오다:行って来る

沙羅：お母さん、私よくわからないの。

由美：どうしたのよ。今になって。

沙羅：①＿＿＿＿＿＿＿＿＿＿＿＿＿＿＿＿

由美：お母さん、あなたにだけは後悔してもらいたくないわ。

沙羅：②＿＿＿＿＿＿＿＿＿＿＿＿＿＿＿＿

行ってしまったらとても大切なものを失ってしまうようで。

由美：③＿＿＿＿＿＿＿＿＿＿何がいちばん大切か。

沙羅：あ、ちょっと待って。シウさんからメッセージが来たわ。

シウ（メッセージ）：沙羅さんは、④＿＿＿＿＿＿＿＿＿＿

あなたがどこに行っても僕は北斗七星になって、

いつでもあなたを見守っています。

体に気をつけて、行って来てください。　シウ

4 リスニングに挑戦12〈ドラマのNG集〉

드라마 NG 모음

1 音声を聞いて、次の質問に答えましょう。

① 유미 역의 성우는 남편의 이름을 뭐라고 잘못 말했습니까?

② 시우 역의 성우는 왜 못 하겠다고 했습니까?

③ 노아은 자신의 가슴 속에서 빛나고 있는 무엇을 보라고 했습니까?

④ 사라는 시우에게 있어 어떤 사람이라고 했습니까?

① 由美役の声優は、夫の名前を何と言い間違えましたか。
② シウ役の声優は、なぜできないと言いましたか。
③ ノアは自分の胸の中で輝いている何を見るように言いましたか。
④ 沙羅はシウにとってどんな人だと言っていますか。

2 音声を聞いて、空欄に語句を入れましょう。

由美役　：이거 우리 남편 사진. 유, 기억하지?

ディレクター：이름이 틀렸어요. 류잖아요.
유는 누구예요?

沙羅役　：그렇긴 (①　　　　)…. 아! “(②　　　　)
(③　　　　)” 이다. 다시 할게요.

シウ役　：내 눈을 봐요. 사라 씨는 (④　　　　)
(⑤　　　　) 목숨 같은 사람입니다. 하하,
이거 부끄러워서 못 하겠어.

ディレクター：(⑥　　　　) (⑦　　　　) 정말
사랑하는 사람이라고 생각하고 해 보세요.

ノア役　：내 가슴 속에서 북극성이, 아, 틀렸다. 내
가슴 속에서 빛나고 있는 북두칠성을
(⑧　　　　).

ディレクター：OK! 수고하셨습니다.

単語

엔지:NG　모음:集め、まとめ　틀리다:間違える　목숨:命
부끄럽다:恥ずかしい　가슴:胸　빛나다:輝く

解答

シーン60 記憶の扉 p.172

〈日本語訳例〉

① 그건 그렇지만 정말 가도 되는 걸까 해서….
それはそうなんだけど、本当に行ってもいいのかと思って……。

② 미국에 가고 싶긴 하지만,
アメリカに行きたいことは行きたいけれど

③ 스스로에게 한번 물어보렴.
自分自身に一度聞いてごらんなさい。

④ 나에게 있어 북극성 같은 존재입니다.
僕にとって北極星のような存在です。

リスニングに挑戦12 p.174

1 ①유（ユウ） ②부끄러워서（恥ずかしくて）
③북두칠성（北斗七星） ④목숨 같은 사람（命のような人）

2 ①하지만 ②그건 ③그렇지만 ④나에게 ⑤있어
⑥부끄럽긴 ⑦하겠지만 ⑧보렴

日本語訳

由美役 ：これ、夫の写真。ユウ、覚えているでしょ？
ディレクター：名前、間違えましたよ。リュウじゃないですか。ユウって誰ですか。
沙羅役 ：そうではありますが……。あ！「それはそうだけど」だ。もう一度やります。
シウ役 ：僕の目を見てください。沙羅さんは僕にとって命のような人だ。ハハ、これ恥ずかしくて言えないや。
ディレクター：恥ずかしいでしょうけれども、本当に愛している人だと思ってやってみてください。
ノア役 ：僕の胸の中で北極星が、あ、間違えた。僕の胸の中で輝いている北斗七星を見てごらん。

ディレクター：お疲れさまです！

文法・表現索引

●著者紹介 木内 明（きうち あきら）

1967年静岡県生まれ。
早稲田大学卒業。ソウル大学大学院修了。
東洋大学准教授。
著書に『基礎からわかる韓国語講座』シリーズ、『クルジェム韓国語』（ともに国書刊行会）、『ステップ30　1か月　速習ハングル』（NHK出版）ほか多数。

●韓国語校正　민소라
●韓国語ナレーター　조영미　김상백　김태현　정훈석　朴天弘
●日本語ナレーター　西田雅一
●音声制作　時事日本語学院　金照雄
HangeulPARK(Languege PLUS)　村山俊夫
高速録音株式会社
●造本・装幀　長井究衡
●DTP　有限会社P.WORD
●イラスト　須山奈津希

ドラマチック韓国語（かんこくご） 初中級（しょちゅうきゅう） リスニング&リーディング

2020年9月25日　初版第1刷　発行

●著　者　木内 明
●発行者　佐藤今朝夫
●発行所　株式会社国書刊行会
〒174-0056　東京都板橋区志村1-13-15
電話　03-5970-7421　ファックス　03-5970-7427
https://www.kokusho.co.jp
●印　刷　株式会社シーフォース
●製　本　株式会社ブックアート

本書は、『ドラマで覚える中級ハングル』（NHK出版、2011年）の内容を見直し、音声を新たに録音するなどして、再編集したものです。

乱丁本・落丁本はお取り替えいたします。
ISBN　978-4-336-07036-4